化视角下的

语言文字研究

孙永兰 著

吉林人民出版社

图书在版编目 (CIP) 数据

文化视角下的汉语言文字研究 / 孙永兰著 . — 长春：
吉林人民出版社，2021.8
ISBN 978-7-206-18400-0

Ⅰ.①文… Ⅱ.①孙… Ⅲ.①汉语－文字学－研究
Ⅳ.① H12

中国版本图书馆 CIP 数据核字 (2021) 第 173955 号

文化视角下的汉语言文字研究

WENHUA SHIJIAO XIA DE HANYUYAN WENZI YANJIU

著　　者：孙永兰
责任编辑：关亦淳　　　　　　　封面设计：袁丽静
吉林人民出版社出版 发行（长春市人民大街 7548 号）　邮政编码：130022
印　　刷：三河市华晨印务有限公司
开　　本：880mm×1230mm　　1/32
印　　张：7.875　　　　　字　　数：220 千字
标准书号：ISBN 978-7-206-18400-0
版　　次：2021 年 8 月第 1 版　　印　　次：2021 年 8 月第 1 次印刷
定　　价：42.00 元

前　言

　　任何一个民族的文化都有它生存的土壤和空气，有它自己的载体和灵性。拥有五千年历史的中华文化薪火相传、一脉相承，是世界上唯一绵延不绝且从没间断的古老文化，其内容包罗万象、浩若星汉。汉语言文字是中华优秀传统文化的传承，点点滴滴的汉语言文化仿佛颗颗繁星，组成了灿烂辉煌的中华文化的天穹。语言文字既是音形义结合的符号系统，也是文化的载体，对语言文字的研究，可以从不同的角度、多个层面立体展开。

　　本书主要从文化视角对汉语言文字展开论述，语言通俗，知识蕴含丰富，融知识性、趣味性、科学性于一体。全书共分为六章，第一章汉语言文字概述，主要介绍了人类语言的产生、语言与思维以及语言文字研究等方面内容；第二章汉字及其文化内涵，主要阐述了汉文字的发展史，分析探讨了汉字的文化特征以及汉字研究方法；第三章汉语词汇及其文化内涵，主要对汉语词汇进行了解读，分析探讨了汉语词汇的发展演变及其文化特征；第四章汉语语法及其文化内涵，主要阐述了对汉语语法的研究以及汉语语法特点和文化特征；第五章汉语言及其文化内涵，主要阐述了汉语言风格类型的文化特征以及方言文化等知识；第六章汉字在现代设计中的创新应用，主要从汉字造型方式、汉字解析重构、民族元素的融入等方面对汉字在现代设计中的创新应用进行了全面、系统的探讨。

　　本书由赤峰学院资助出版。本书在撰写过程中参考借鉴了众多专家学者的相关文献资料，在此表示诚挚的感谢。由于作者水平有限，加之时间仓促，书中所涉及的内容难免有所疏漏和不够严谨之处，希望各位专家、老师多提宝贵意见，以待进一步完善。

目　录

第一章　汉语言文字概述

第一节　人类语言的产生

一、关于语言的起源

一直以来，学者们对于语言起源问题有多种假说，如约定俗成说、进化说、契约说、感叹说等。其中，源自恩格斯的劳动说是最具影响力的，现代诸多语言教材都将其作为语言的起源。在恩格斯的《自然辩证法》一书中是这样论述的："语言是从劳动中并在劳动中一起产生出来的，这是唯一正确的解释，拿动物来比较，就可以证明。动物之间，彼此要传达的东西很少，不用分音节的语言就可以传达出来。"通过这一论述能够看出，针对语言起源这一问题，恩格斯的论断归纳为三点：第一，在人类劳动中，因为交际需求而产生语言，因此劳动起到决定性作用；第二，自人类语言诞生之时，声音便是其物质形式；第三，人与动物最主要的区别标志就是语言。与历史上出现的诸多语言起源假说一样，劳动起源说具有独特的语言学价值以及可以被反驳的论点。

反驳论点总结如下：（1）在劳动之初，原始人的发音器官模拟自然声音相对比较困难，不够灵活，所以，不会从起初就把声音作为语言的唯一物质形式。（2）动物之间的交际"语言"与人类以人声作为交际工具的语言有诸多相似之处，语言不是区别人与其他动物的重要标志。（3）劳动起源说没有说明语言究竟是怎样在劳动中产生的，而是从理论层面提出了劳动对语言的需求。虽然在学术界关于语言起源有众多不同的声音，没有哪一种假说成为定论，令人信服，但是这并不影响我们对语言起源进行创新和继续探索的决心。

二、语言的产生

（一）对语言产生的理解

人们通过语言进行交流、传递信息、表情达意。若不通过语言表达个人的思想和意识，那他人是很难明白的，人们凭借语言才能实现真正意义上的交际，相互理解和交流。现代认知心理学意义上的语言的产生是此处所说的语言的产生，是指人们通过语言表达思想的心理过程，而并非人类语言的起源。人们采用书面语言和口头语言传情达意，所以，对应的语言包含两个方面，即书面语言和口头语言。

利用一定的语法、句法规律将人们想要表达的思想通过文学符号的形式进行表达的过程即为书面语言，也就是写作过程。根据一定的句法结构及语音序列对说话者头脑中所要表达的含义进行排列，进而形成口头语言。

作为独特的符号系统和社会现象的语言包含很多基本要素，如语法、词汇、语音等，这些要素是对语言产生进行研究的重要方面。心理语言学者们主要通过短语、语法规则、词、语素、重音、音节以及人们在音段、语音上的区别性特征等八方面对言语者所表现出的言语失语现象和语言行为进行分析，并研究言语的产生过程。现代语言学、心理学家们认为，语言产生的重要单位是句子，所以，对句子的研究高度重视。

通常，人会在一定的动机支配下产生语言活动，所以，动机与语言的产生关系甚密，语言表达的内容和方式取决于说话和写作的动机与目的。同时，认知系统可以直接支配并调节语言活动，因此，语言表达者对情境的分析及对语言接受者的正确了解，这和语言的产生有一定的关系。若是有人问道："今天是怎样安排的？"你所给出的答案是对提问者的意图进行推测后回答的。若是好友问你，你会认真且仔细地答复；若是你认为提问者肯定会给你安排你不想做的事情，很大程度上，你的答复是"有安排了"；若是你认为问话者是出于礼貌，你或许张口便说"没什么安排"。同样，思维、记忆和语言产生也具有一定的关系，因为人们确定好说什么以及怎么说之后，就会从自己的记忆系统中搜索需要的一些材料，在通过思维加工之后再采用文字或口语形式进行表达。

（二）语言产生的原因及条件

1. 语言产生的原因

通常，经过人的感觉器官内化过的事物是人能够感觉到的客观事物，人所要认识的对象是感觉过抑或是正在感觉的事物，通过感觉器官的过滤所获得的世界的映像是人所掌握的所有关于外部世界的内容。所以，人看似活在客观世界中，但是事实上一直活在自己的感觉世界中，人眼中没有客观，便无法对感觉之外的东西有所了解。

所有的人都活在主观世界里，因此，在感知外部世界的范围和方式方面，不同的人会存在一些差异，并且在大脑中处理外部世界信息的能力和方式也有一些差异。这些差异在不同的人脑中将客观的外部世界变成了很多不同的内部世界。人类意识随着人类对外部世界的不断内化日益丰富，视野也得到了开阔，内部世界中的内容也进一步得到了丰富，形式多样。这使得不同个体之间、不相同的内部世界之间的差异逐渐增大。但是，人类为了生存会在一定区域内共同生活，进而组建许多社会团体，同时也增进了彼此之间的关系。对待同一事物的看法，因不同个体内部世界的不同必然会有所不同。当这些分歧扩大到一定程度时，人为了更好地生存下去，为了维持自己与社团其他成员之间的关系，就需要将自己内部世界中所形成的一些精神意识外化出来，让其他社团成员知道。人只需要将对自己与别人交流有帮助的一些精神意识外化即可，而非全都需要外化，这一点非常重要。假如每个人都拥有相同的内部世界，那么人与人之间就不需要传递与交换信息，语言也就没有存在的必要了。只有个体对外部世界的感觉存在差异，才有信息交流和沟通的必要，这是语言产生的原因。语言是为了个体与个体之间的交流而产生的，而不是为了一个独立的个体产生的。

2. 语言产生的条件

由于内部世界的不同，进而引发了人们之间信息交流和沟通的需求，这便是语言产生的原因。每个人的内部世界都是不同的，那么，人与人之间的交流和沟通是否会非常困难，无法交流？答案很明显是否定的——不会，其主要原因如下：第一，人们感知到的，例如春天盛开的花朵、夏天下起的雨等对象，均来自同一个外部世界，也就是人们之间面临的世界的本体是一样的。只是经过了自己意识感觉器官的过滤，这些事物在我们感知和认识上才出现了差异。因为人们内化的是同一个外部世界，因此，在彼此的内部世界肯定会有相似性，人与人之间的沟通因这些相似性成为可能。两个人的内部世界是不一样的，当一个人将自己头脑中的特定思想内容以语言形式传达给另一个人时，若这个人的大脑不会激活并唤起相应的精神意识内容，就实现不了沟通和表达。因此，若说人与人的内部世界完全一样就没有交流和沟通的必要的话，那么人与人的内部世界完全不同就没有了交流和沟通的条件。若想产生交流和沟通，人与人的内部世界就需要在相似基础上的不同才可以实现。第二，人的意识和感觉器官的程序、工作原理相似。人的意识和感觉器官内化外部世界中的客观事物，形成人的内部世界，每个人的意识和感觉器官是相同的，如大脑、口、舌、鼻、耳、眼等；感知方式有视觉、触觉、嗅觉、听觉。只是人与人之间在感知外部世界时利用的感知方式和感觉器官有时会有所差异，意识和感觉器官在发育程度上会有所不同。所以，人类之间的信息处理方式、感知方式、感觉器官拥有相似性，这确保了人们所建构的内部世界的结构和内容拥有一致性和相似性，从而使人与人之间的信息沟通成为可能。

三、语言的概念界定

人类相互不同的内部世界需要进行沟通，这是语言产生的推动力，感知方式、感知器官的相似性和感知对象的相同性为语言的产生创造了条件。因此，"语言"的概念就发生了变化，它是指人类用来进行交流的介质和媒体，而不再是传统意义上的"音义结合的符号系统"。从这个角度来讲，语言可以用其他形式来进行信息交换，而非必须是声音。那除人以外的其他物种之间存在因彼此内部世界不同而需要沟通和交流的情况吗？如果存在类似的情况，那么语言不再是人类所独有的，"语言"这一概念也就必须进行重新界定。

动物学家们在 20 世纪初，就已经对猿类动物产生了浓厚的兴趣，开始对它们进行全面的研究。随着人们研究的深入，发现黑猩猩等猿类和人类在行为、意识、心理、体质构造等方面存在很多相似之处。人类和黑猩猩在外化内部世界时都会运用手势、气味、眼色、行为、表情、声音等几种形式。如果不计较人与黑猩猩对各自使用手段的外化形式的加工和改造精密程度上的差异，不计较人与黑猩猩各自使用的外化形式在负载信息内容上的差异，不计较人与黑猩猩在这几种形式的使用倾向上的差异，那么在满足各自内部世界外化这一需要上，人与黑猩猩所使用的形式并没有什么不同，这些形式都是用来交换信息的介质和媒体。如果把人类用来进行信息交换的介质和媒体定义为语言，那么，从人与黑猩猩的比较中我们可以做出这样的推论：黑猩猩等其他动物和人一样，也有方便彼此之间交流外化内部世界的形式和方法。所以，从这个意义上讲，动物也有语言，语言不是人类所独有的，即两个物体之间只要有信息交换的过程，就是语言存在的过程。

我们可以给语言下这样一个定义：两个物体之间起交换、交流作用的介质和媒体。这个定义将语言的概念延伸到了两个物体之间，超出了人类、动物界。

四、语言的发展

语言不仅是一种自然活动，也是一种独特的社会活动。从广义上来讲，语言存在于人类社会，同时也存在于整个自然环境中；从狭义上讲，指人类所使用的语言。不只是人类有自己的语言，动物同样也有它们自己的语言。动物的语言和人类的语言有着本质上的区别，动物只能通过肢体动作、面部表情、几种（最多几十种）叫喊声进行简单情感和思想的交流。动物所能传递的信息种类是非常有限的，是更为封闭的系统，通常由现场的刺激引起语言的表现。人类语言对比动物语言，拥有无与伦比的先进性。人类语言拥有便于习得、构造灵巧、功能开放等优势，这注定了人类语言要在整个世界的大环境中占据主角地位，决定了其拥有强大的生命力。

当然，人类语言也是经历了一个漫长的发展过程，才能够达到目前这种发达的程度。这个过程因不同地区人类文明起源的时间的不同而有长短之分。人类作为拥有高智商的"动物"，在原始社会之前和原始社会的前期，人类语言跟动物语言没有太大的差别，也仅仅处在受外界刺激而发生本能反应的阶段，但人类拥有其他动物无法比拟的灵活的发音能力和高度思维能力。所以，人类的进化历程中，组成社会、制造工具、手脚分工、直立行走等都为语言的初步形成创造了便利条件，其中起着巨大作用的是劳动。在长期维持生存的劳动中，人类的祖先改造了发音器官，锻炼了自己的大脑，在共同劳动中产生了交流思想、协调、组织的需要，现实生活和这种需要紧紧联系在一起，最终促成了人类语言的产生。人类和其他动物区分的最重要的标志是语言，人类文明的诞生和发展因语言的产生而得到直接促进。在如今看来，那些人类文明发源比较早的地区，也应是人类语言的发源地。如南亚的印度河流域、非洲的尼罗河流域、西亚的两河流域、中国的黄河流域等，在世界范围内，这些地区都是人类语言诞生较早的地区。语言作为一个新事物，自诞生起就有效地指导了人类的生产与生活，促进了人类文明由采集阶段向渔猎阶段和农耕阶段的过渡发展。同样，语言的发展因生产活动的增加而被促进。人类语言的发展在原始社会的后期，开始从语音层进入符号层，即这个时候人类既能说话也能书写文字，如中国的半坡遗址、河姆渡遗址都发现了少量的语言符号，北方古代游牧民族在岩石上刻画的少量语言符号也被发现。经历了漫长的发展时期，到了商周时代，出现了比较系统的语言符号，即甲骨文（刻在龟甲兽骨上的字）和金文（刻在器皿上的字）。在落后于中国上千年后，西方才出现了拉丁文，它是比较完整的语言符号系统，现代的德语、法语、英语等西欧各国语言都是由古典拉丁文发展演变而成的。西欧各国语言的源头是古典拉丁文。同样，中美洲、非洲等世界各个地区也先后产生了语言，但这些语言都随着当地文化的衰落变得微乎其微，或随着当地文化的消亡而一同消失。据统计，全世界大约有五千多种语言，绝大部分是在人类文化发源地区产生的，然后以文化区为中心向周围辐射和传播。有一部分语言是从传入的语言发展而来的，如日本语、朝鲜语是以汉语为基础产生的，融入了这些民族的特色文化元素，如今在日本和朝鲜半岛可以看到非常多的汉字，其中一些古汉字中国早就不再使用了。

　　语言一旦产生，就会凭借本民族的文化影响力而向外传播。汉语是较早的进行传播活动的语言。在唐朝时期，以中原文化为核心的东方文化体系已经基本成形，汉语被一些民族主动地引入本国家。西方在完成了全球探险航行之后，法国、荷兰、英国、葡萄牙、西班牙等国家，便开始了大规模的对外殖民扩张活动。

在进行殖民扩张活动时，这些国家也将本国的语言带到了殖民地。因此，殖民地的本土文化遭到了严重的打击，或者西方语言完全取代本土语言，或者本土语言被西方语言挤压得只能在非常小的社会圈中使用。绝大多数的非洲本土国家，如今都不使用自己的本土语言，而是使用如意大利语、法语、英语等西方国家的语言。南亚和大洋洲的国家，几乎都是使用英语；拉丁美洲国家几乎都是使用葡萄牙语或西班牙语。16～20世纪这段时期，西方国家不断进行殖民扩张，从而形成了当今的世界语言分布格局。西方国家凭借强大的政治、经济、军事等优势，在这一时期，强迫落后民族被动接受其语言。很多民族的文化受到了沉重的打击，众多语言都是在此时衰退或永远消失了。西方语言的传入，对西方先进的生产方式和科学技术的传播与传入起到了很大的促进作用，也极大地推动了全球范围内的经济发展和文化交流。

五、语言的性质

（一）语言的民族性

语言的规则中包含语法、语义、语音的规则。词组合成句的规则，词的结构规则是语法的规则，内涵为结构的规律，因此，其拥有抽象性、系统性、民族性等特点。各种民族语言在语法、词汇方面都展现着民族性特征，都有各自的特点。

姚小平说："当一个民族形成之初，其语言始获初步的形式，此时这个民族所遭遇的事物和感情，以及后来它主要遭遇的那些类型的事物和感情，也对其语言产生着影响。"[1] 在不同的民族语言中，相同的概念有不同的表现，这无疑反映了语言受到不同民族、不同观念的制约。如在汉语中，对于吉祥与神圣，人们常

---

[1] 姚小平.中西语言学史断代比较研究[M].北京：外语教学与研究出版社，2001：17.

用"龙凤呈祥"形容，但"龙"在英语中指的是"背生翅、口吐焰的妖魔袄怪"。

世界各民族在文化习俗、生活环境上各不相同，在使用语言时，这些民族背景的因素也渗透到规则当中，形成了独特的特点。对于这一点，语言对比研究工作者会有深刻的体会，从事翻译工作时要全面考虑民族语言的使用习惯，而不是单纯从字面释词说义。

语言的民族性，从语法的角度来看，非常显而易见。在汉语的语法形式中，无标记的隐形形式居多，因此，对应的语法范畴也是无标记的，隐形的比较常见。与富于形态变化的西方语言不同，"汉语里大多数语法范畴都是隐藏的，不是明白地标记的。"[①]属于印欧语系的英语为综合性语言，其语法结构主要靠形态变化来显示；属于汉藏语系的汉语为分析性语言，其语法结构主要靠语序和虚词来显示，与其他一些民族的语言很不一样。无论古代还是现代，汉语的句子成分一般都是"主语＋谓语""修饰语＋中心语"的顺序。语言不是由文化决定的，但始终反映的却是民族的文化。新的识见、新的发展都会在语言中体现出来，世界的交往也会促使民族之间语言的交流和影响。世界进步进程的加快、民族往来的密切、不同民族的思想观念的汇合交融，都在语言表达、语词发展上表现得很明显。但语法是相对稳定的，汉语汉字的独特性也使其语法稳固性不同一般。

（二）语言的时代性

语言时时都在变化，词汇的变化相对明显。如《汉书·匈奴列传》："得汉食物皆去之，以示不如湩酪之便美也。"注："去，弃也。"又"去"可表示"藏"。如《左传·昭公十九年》："及

---

① 赵元任，吕叔湘. 汉语口语语法 [M]. 北京：商务印书馆，1979：22.

老，托于纪郢，纺焉以度而去之。"注："因纺纑，连所纺，以度城而藏之，以待外攻者，欲报佳谁。"以上是名词、动词的例子，又如形容词的例子："醇"，本为形容词，本义为酒味浓厚，《说文解字》中这样解释："醇，不浇酒也。"这些名词、动词、形容词词义的发展、表达法的变化，都是语言发展的证明。

由此看出，词汇的发展及时反映着语言面貌的变化。以计时法来说，在我国先民的计时方式中，有很多词语反映了汉语的时代性。它们不但为我国先民所独有，具有民族性，而且这些计时方式的产生具有极强的农耕时代特征，形成了特殊的时代词汇。例如，汉语里记载了在把一年分为春、夏、秋、冬四个时令的基础上，又按照夏历十二个月份将一年分为孟春、仲春、季春……孟冬、仲冬、季冬等。人们依据季节的变化而创造出立春、立夏、立秋、立冬等二十四个节气来反映物候变迁，指导农业生产。在时间的表达上，表示年、月、日、时刻等的时间词似乎古今不会有太大的变化，因为对于时空的范畴，古今都是一致地存在于人的思维之中。但语言表达的丰富性追求，又总是在继承中发展和创立出新的表达方式。古语特征明显的词也都只在特殊的场合下使用，一般的年月日的表达法也不再使用古代的方法。

（三）语言的系统性

在语言范畴中，一种语言的语法规则集中体现了语言的系统性特征。语言交际只有在理解所接触的语言信息时才会有效，无法理解的语言输入无助于语言交际。不遵守语言的语法规则，语言的理解和有效交流也就无法实现。所以，我们有必要了解语言系统的使用规则。瑞士学者皮亚杰探讨了不同领域中的结构主义问题，对语言的"表达制度"进行了专门的讨论。他在《结构主义》中说，语言"具有数千年传统的传输者，又是任何人进行思维所必不可少的工具。"①语言有一整套的表达规则，它是一种"集体制度"的产物。随着历史的发展，语言会不断地发生变化。人们所使用的语言是从先前的形式演变而来的，先前的形式又是从更原始的形式流传下来的。可见，在了解一种语言的使用规则时，对其早期形态的研究也是十分必要的，并且，因为语言的沿用和演变从不间断，所以其原本的来源和初始的形式就始终是我们需要关注和了解的对象。

第二节　语言与思维

人类最重要的思维工具是语言。同时，语言也是思维的物质外壳，可以帮助人们传承、保存、固定形象思维和抽象思维的成果，并且，人们思维、认知等心理因素对语言的发展也会造成一定的影响。

一、言语思维是人类智力开发的催化剂

思维是一种逻辑运演，这是语言的本质特征之一，思维在人类创造出语言之前就已经存在。人类发展过程的缩影可以通过儿童的发育过程看出，在学习语言能力之前，幼儿已经具备一些抽象、演绎、归纳的能力。他们可以区分一般人和经常呵护自己的人，当这些人同时伸手表示要抱他的时候，幼儿会选择后者，拒绝前者；若看到桌上的玩具，他们会拉动台布，使台布上的玩具移向自己。这种选择和推理已经有逻辑的内涵，只不过这种思维方式和原始人一样，是一种动作思维和表象思维。众多事实证明人类天生就拥有对经验材料层次化、抽象、排列、组织的能力。这个能力已经作为复制基因遗传下来，是生物长期进化的结果。瑞士

---

① ［瑞士］皮亚杰.结构主义［M］.北京：商务印书馆，2011：125.

的心理学家皮亚杰指出，由逻辑构成了语言。不管是从个体儿童思维和语言发生的形成过程看，还是从种族语言和思维发生的起源史来看，逻辑运演要早于语言或言语的发生，而且比语言更为深刻。

其实，高等动物就已经具有一定的思维能力。一些普通的逻辑能力，在高等动物身上已经萌芽，如狗为主人看门，只要有陌生人接近大门，它就会立刻做出反应，但对于鸡鸭、小猫一类动物进出大门却不理会，这说明它能把人和其他动物区分开来；猴子能剥瓜子、花生，这是分析能力的开端，向动物园的猴子扔一个纸团，它以为是食物会马上抓起来，发现不是食物，就会立马扔掉，这是识别能力的开端；猩猩能用树枝、树叶简单地给自己搭棚挡雨，这是综合能力，还会把树枝伸到蚂蚁洞里去让蚂蚁爬，然后又拉出来吃蚂蚁，这已经是有计划的诱骗和利用，这些都证明了高等动物已有简单的思维。

黑格尔认为，高等动物也掌握着普通逻辑（形式逻辑）所承认的方法，只是掌握的程度不如人类精通罢了。他认为辩证逻辑是动物无法达到的。辩证逻辑对于人，也只是到了高级发展阶段。为了强调比普通逻辑更高层次的逻辑是辩证逻辑，黑格尔无意中夸大了动物的普通逻辑能力。动物的这种能力与人类对比无疑是相形见绌的，只是一种萌芽而已。动物没有人类的语言符号系统是这种现象的根本原因，这在很大程度上限制了动物的抽象概括能力。

人类拥有言语思维，即符号思维（而不是原始的动作思维和表象思维）是人类思维与动物思维的本质区别。心理学家曾经做过这样的实验，将刚生下的小猩猩与刚生下的小孩放在相同环境里喂养教育。在第一年内，两者能力的发展相差不大。而到了牙牙学语这一关，小猩猩就卡住了，它不能像人的幼儿那样学会多音节的语言，这不仅是因为它的发音器官不如人，更是由于它的脑神经结构也没有进化到像人那样复杂的程度。而幼儿在掌握了词语这种抽象概括事物的符号以后，就具有了动物所不可能有的智慧。动物的反应活动表现出它们具有实践的想象力和初步逻辑能力，而人，掌握了言语思维的人，则具有符号化的想象力和高级的逻辑能力。不错，动物也有识别符号的能力，巴甫洛夫用灯、铃等对狗做的"条件反射实验"，驯兽师用棍子和口令指挥动物的动作都证明了这一点，但这些符号充其量只能算是信号。动物无法像人一样对所见到的每件事物都加上一个语言的名称，然后再用这些名称来思考和表达。人类语言符号在其多样性、灵活性、复杂性和系统性上是动物所没有的。动物是偶尔接受某种信号，人则是生活在语言符号和言语思维的海洋之中。

人有能力依靠不太多的语言符号实现言语思维来把握外部世界，并在极大程度上不依赖感性材料——也就是言语思维可以突破感觉的局限，成千上万倍地放大对世界认识的广度和深度。上至浩渺无垠不断膨胀的宇宙，下至细小到极致的原子核内部结构，抽象到物理、数学的公式，微妙到人内心的隐秘情感，人通过言语思维都能把握和想象。

没有语言符号系统和由此建立的言语思维，人将又聋又哑，并失去对普遍事物的把握能力，人的生活将被限定在生物需要的实际利益的范围内，找不到通向"理想世界"的道路。一句话，语言符号和言语思维是人的智力开发的催化剂。

二、言语思维是人类文化发展的巨大动力

卡西尔认为："符号化的思维和符号化的行为是人类生活中最富于代表性的特征，并且人类文化的全部发展都依赖于这些条

件，这一点是无可争辩的。"[①] 他又说："符号系统的原理，由于其普遍性、有效性和全面适用性，成了打开特殊的人类世界——人类文化世界大门的秘诀！一旦人类掌握了这个秘诀，进一步的发展就有了保证。"[②] 任何词都已经是抽象和概括，一个典型的句型可以转换生成无限的句子，掌握了言语思维的人就获得了以简驭繁、举一反三的记述和表达的能力。借助于言语思维，人可以把经验材料去粗取精、去伪存真、由此及彼、由表及里，进行抽象行为，掌握事物本质及其运动规律，并且通过逻辑推理，从已知推出未知。借助于言语思维，人们可以进行信息的反思或反省，从而积累知识、撞击信息、产生灵感，进行文化创造。对于从猿猴那继承了"探究欲"的人类来说，他们对周围的现象都要问一个为什么。早期的人类思维具有以自己为中心的拟人化倾向，他们使用大胆想象的神话来回答，而现代人则用科学的知识来做出回答。即使是现代科学知识仍然具有想象和抽象的性质，如原子核的内部结构，爱因斯坦说的接近于光速的火车，霍金说的宇宙从大爆炸到黑洞的历史，这都是看不见摸不着的，只有借助于言语思维，人才能够想象，并归纳出它们运演的公式。最能表现人类抽象能力的是数字的发明和数学学科的建立，它们已经摆脱了一切具体物质形式的外壳，成了纯粹的数的概念及其关系的抽象。有了言语思维及其语言符号的表达，人类信息的传递、交流、比较，信息的撞击、融合才有可能，而这又导致了人类文化几何级数式的发展以及人类"理想世界"的建立——这个理想世界是由宗教、艺术、哲学、科学从各个不同角度开放的。在互联网时代，一个人的发现或发明马上可以成为全人类共同的精神财富，而互联网上的交流正是建立在语言符号的输入、输出基础上的。

---

① ［德］卡希尔.人论 [M].长春：吉林出版集团有限责任公司，2014：35.
② ［德］卡希尔.人论 [M].长春：吉林出版集团有限责任公司，2014：47.

推动生产力迅速发展的巨大动力，以及人类创造知识的源泉都是言语思维。现如今人类不是依靠体力来养活自己，而主要是依靠智力。有人预言，一百年以后，直接从事体力劳动的人只占人口比例的 10%，人类科学家的比例将达到 20%。知识经济就是智慧经济，人类的所有智慧都是在言语思维基础上建立的。

从理论上说，人类的语言史应该与人类的存在史一样长，至少有数百万年之久，而人类文字产生的历史则比较短，两河流域苏美尔人的楔形文字起源于公元前 3500 年，埃及的象形文字起源于公元前 2100 年。公元前 3800 年，中国的山东大汶口文化中已有陶文，比较成熟的象形文字——甲骨文出现于公元前 16 世纪的商王朝。至于作为西方文字源头的腓尼基 22 个字母，则出现于公元前 13 世纪。也就是说，作为人类口头语言记录符号的文字，它诞生的时间距今至多 6000 年，这段时期与漫长的人类社会史比起来是很短的。这个时期开始虽晚，但它却是人类文明史上巨大飞跃的开始。有了文字，人类的符号思想成果就可以进一步打破时空的限制，广为流传，互相交流，产生像原子核裂变那样的连锁反应，出现人类文化爆炸式的发展。在短短的几千年内，人类几乎实现了神话中的所有梦想：上天（飞机），入水（潜水艇），千里眼（雷达、电视、天文望远镜），顺风耳（电话、无线电），万人万里心灵相通，即刻交流（互联网），甚至还可以把人送上月球（阿波罗登月），创造新的物种（基因工程），等等。所有这一切，都是语言符号和言语思维的伟大成果。

三、东西方思维方式与语言

思维方式是在一定的自然环境和社会历史条件下某人群（一般指一个民族）在认识世界、改造世界的过程中形成的某种比较稳定的认知倾向和思考模式。一旦形成，它就成了一种"思维的习惯"或"思维的定势"，这是一种集体无意识的趋同，这种趋同会通过教育和文化的传播在一个民族中代代相传，产生影响。当今学术界一个经久不息的话题就是以中国为代表的东方文化与欧美西方文化有着不同的特点，东西方思维方式上有着明显的差异。尽管学者们的论述各有侧重，观点上相左也时有出现，但关于下列论点大家的看法已渐趋一致，即中国人倾向于经验综合型主体意向思维，它的基本模式是经验综合型的整体思维和辩证思维，这种思维方式主要针对社会管理，而不是针对自然研究。中国有精密完善的政治伦理学说，但没有产生系统周密的自然哲学。西方人习惯于实证分析型客观对象思维，它的基本模式是实证分析型的发散思维和动态思维。西方人考察事物时喜欢分析，注重实证，力求精确，以达到建立合乎逻辑法则的理论系统为目的。

（一）思维方式与语音特点

传统的观点认为，词的语音和语义的结合具有任意性、偶然性，它是使用该语言的民族约定俗成的结果。但戴昭铭先生指出："从（词的）具体意义和具体声音的关系而言，说语音和语义的结合没有什么必然性是可以的。但就整个语言的语音体系而言，它为什么会成这个样子而不是另一个样子，则肯定是有某种历史的必然性在起作用。这种历史的必然性很可能就是作为文化内核的思维方式对语音的不自觉选择。"①戴先生的这一论断颇有见地，他从偶然性中看出了必然性。汉语古今语音虽有变动，但以下几个特点一直保留：

（1）每个音节由"声母 + 韵母"构成。声母一般是辅音，韵母一般是元音或元音同某个鼻 / 塞辅音的组合，声母在前，韵母在后。

（2）每个音节都有由声音形成的声调变化，声调有区别意

---

① 戴昭铭 . 文化语言学导论 [M]. 北京：语文出版社，1996:124.

义的作用。

（3）声母、韵母的拼合情况显示出严格的规则性，语音结构井然有序，最易表格化。

（4）各种语音范畴在构成聚合类的同时又表现出对称性的对立，这里语音结构状况明显有综合型辩证思想的影响。

与汉语语音组合明显不同的是印欧语系语音组合的情况，其特点是：

（1）元音和辅音在音节中没有像汉语那样相对固定的位置。

（2）复辅音较多，在词当中的位置不固定。

（3）音节的长度差别较大，显示出参差不齐的特点。

这些特点同西方人发散思维的特点暗合，发散思维不要求一个问题只有唯一的解决方式，而且允许甚至鼓励多种解决方式同时并存。

上述这种语音结构与思维方式的暗合，是一种集体无意识的选择，它在无形中对语音发展方向产生影响。在文字发明以后，文字读音的规定性对语音发展的影响更明显。汉字产生后，由于"一个汉字是一个音节，一个音节由声母和韵母合成"的模式的影响，许多复辅音由于模式化类推结果，最终都变成了单辅音声母——这是思维方式对于语言特点影响更明显的证据。

（二）思维方式与词汇特点

原始人的思维方式是以"具象概念"为基础的"原始逻辑"思维方式。同样，他们对事物本质属性概括的能力也非常低。如"鸟""鱼""树"等"概括词"在澳大利亚泰伊尔湖的土著居民语言中不存在，但是鲻鱼、鲈鱼、鲷鱼等词是存在的。阿拉伯语中用于描述骆驼的词数不胜数，它们分别是对骆驼的形状、大小、颜色、年龄、走路姿态等具体细节描述的表现，但却没有一个能给予一般动物学意义上骆驼概念的词。中国古代先民也有类似情况，例如古代中国大地上的江河都有专名，如江、河、浙、沅、洮、渭、洛、汾、湘、淮、颍等，《说文》中均列有条目，但其下并未加"水"表示河流，这是因为在各地分别取名，互不重复。而许慎在解释这些河流专名时，用"水"作通名，使"水"成为众多河流概括性的称呼，在这类概念上，实现了一次思维从具体向抽象的飞跃。就整个词汇系统看，原始的具象概念思维方式发展到抽象概念思维方式是一个渐进的过程，这个过程的完成，是人类思维方式的一种进步。

现代汉语中双音词的主导趋势，成语中的四字格占绝对优势，亦可看作中国人传统思维中合二为一、讲究对称齐整思维习惯的潜在影响。

（三）思维方式与语法特征

语法是一种语言的表达规则，是约定俗成的言语习惯。言语是思维的外化，作为言语表达规则的语法，是一个民族思维长期抽象化的产物，它不能不带上一个民族思维方式的烙印。东西方人思维方式的不同明显地反映在语法上。西方人从古希腊起就注重形式逻辑，形成了较强的抽象能力，力求从事物中概括出某种纯形式的简单观点。在语法上的表现是：

（1）力求用内涵比较丰富的语法范畴概括一定的语法意义，通过语法意义和语法形式的固定结合形成一定的语法手段。

（2）语法手段追求的目的是对于客观现象的准确表现，而不是像汉语追求详细生动的表现。

（3）语法意义通过直接外露的丰富的形态变化来显示，而不是像汉语依靠词语顺序或言语情境（上下文）隐含在其中，靠人去领悟。

（4）语法规则外在形式明显，容易把握，使用要求比较严格（性、数、格一致，人称、时态一致），体现出严格的规则性。

　　与西方不同，中国人的辩证式整体思维方式使中国人对世界的认知把握带有综合性和灵活性的特征。先秦思想中形式逻辑不发达，对纯粹抽象思维不像西方人那样喜欢，但中国人的感悟能力和隐喻式的形象思维能力很强。中国古代思想家，老子也好，庄子也好，孔子也好，孟子也好，韩非子也好，在谈哲学或社会问题时，生动的比喻和形象的寓言脱口而出，比比皆是。惠施、公孙龙式的抽象概念演绎和诡辩虽有，但未成大气候，在这种思维方式影响下，汉语语法有如下共同特点：

　　（1）缺乏形态。即词缺乏表示特定的意义的外在形式，实词只突出其意念（概念），而无明确的词性表现形式，即无形态标志。

　　（2）灵活性。词法和句法均如此。很多词的词性亦此亦彼，可实可虚，以致有人提出"汉语词无定类"之说。句法上虽说以词序和虚词为主要手段，但词序很不固定，一句话的词可有多种排列，基本意思照样表达。句子结构中的成分，省略很灵活，主语、谓语、宾语，甚至某些虚词都可省，只要有一定语言环境即可。

　　（3）意合性。词法和句法都重意合，合成词多，派生词少，合成词的意义通过意合去领悟，"花样"不等于花的样子，"东西"不等于东＋西。只要两个词合到一起就能产生句意。不一定按主谓宾的格式，名词亦可作谓语，如"她大眼睛"；主谓结构也可成谓语，如"他个子高"；名词加名词亦可成句，如"小桥流水人家"。这些是规则严格的西方语法所不允许的。

第三节 语言文字研究的方法与科学化

一、语言学研究方法的哲学思考

研究主体、研究方法和研究对象是语言学研究的三大要素。语言学研究要解决如何获得和运用语言知识以及对语言运用知识所产生的结果承担责任，如何才能更好地运用语言，更好地认识人的自身，服务于人类的进步和希望。[①]对立统一规律是宇宙的根本规律，事物发展的动力是事物内部对立面的相互对立又相互联系，这在自然、社会、思维三大领域都是共同的。"语言是人工客体，有其自然性的一面，但同社会有着不可分割的联系，它同时又在一定意义上是思维活动的产物。因此，语言存在的基本状态和语言运用、变化的基本秩序与趋势，也必然表现出对立统一的特征。但是，语言有自己的特殊性和规律，以自己独特的方式来体现对立统一。语言学研究方法是哲学思考的一个重要方面，就是要找出语言体现对立统一的独特表现"。[②]语言对立统一的独特表现可以体现在"不相容性"和"不完备性"两方面："对立"表现为"不相容"，"统一"正是"不完备"的需要。"一种语言学理论的包容度与其精确性有很大的不相容性。当包容度增大时，它的精确性将减少；当精确性增大时，它的包容度将减少。当其中一方的增大超过一定阈值时，它的对立面会超出允许的限

---

① 丛岩.语言学研究方法的历史回顾[J].辽宁工业大学学报（社会科学版），2008,10（2）：39-41.
② 徐盛桓.语言学研究方法论探微——一份建设性的提纲[J].外国语，2001（5）：1-10.

度，从而使整个理论系统遭到损害。另一方面，语言学的任何一个理论体系都是不完备的，常要借助体系外的学说、理论、观点来补足。语言学理论的任何概念、判断都有不完备性，都不能将研究对象或有关事态的全部属性穷尽，只能触及一些方面、为了一些目的、统辖一些层次"。①不相容原理和不完备原理告诉我们，无论运用什么理论作为研究的框架，运用什么方法进行研究，都不是全面的、绝对的，研究方法之间也存在着对立统一的关系。

语言研究方法的发展规律表现为：语言学的发展与历史上的哲学思想紧密相连，一步步共同发展，这也与社会总体科学技术发展背景密切相关。语言学本身的发展使语言学研究靠近了自然科学，而自然科学为语言学提供了更加宽广的研究领域和浩繁丰富的研究内容，为人们开展多方位、多层次、多学科的研究工作提供了巨大的空间，使语言学研究的范围不断扩大，语言学研究的方法也越来越多。从对立统一关系来看，人文科学与自然科学的融合很有必要，但只有尽可能接近二者的结合点才会有意义。要找到语言学的这个结合点，就要对语言学研究进行哲学性的思考，从研究方法入手，找到体现并孕育出语言学的"哲学智慧"，得出语言研究方法论规律，不断探索出语言研究的新方法。

二、不同时期的语言学研究方法

（一）19 世纪以前语文时期的研究方法

通常，传统的人文社会科学被认为是主观的、个性的，多使用定性分析和主观的价值判断，基本上不做实证研究，而且感性认识比理性分析要高。19 世纪以前，尽管作为人文学科的传统语言学研究常常依附于哲学、逻辑学、文学和历史等学科，研究方

---

① 刘润清.西方语言学流派[M].北京：外语教学与研究出版社，2013：157.

法在处理某些语言现象上，依赖于研究者的直接和主观分析，没有什么实证的手段，以致对理论的检验、评价缺乏统一尺度，判断理论的正确与错误在语言学研究的材料上也存在以偏概全的问题。语言理论出现术语众多、概念混杂的问题，研究方法上缺乏系统全面发展的观点，但在语言学理论早期发展中占有相当重要的地位。古希腊哲学家对语言的研究是出于哲学上的思考，是为了通过对语言的认识达到理解思想乃至世界这一哲学的目的，但它激发了人们对语言的兴趣，这为日后人们专注于语言研究并使语言学成为一门独立的科学奠定了最初的基础。比如古印度的巴尼尼提出的动词中心说，古希腊的柏拉图在词源学的基础上用拆字法来分析词语，斯多葛学派分析了名词的格，亚里士多德从功能的角度把希腊词语分成八类，等等。中古时期，对拉丁语的研究出现了经院学派的思辨语法。文艺复兴以后，各个语言学流派林立，直到历史比较语言学的出现和普通语言学的建立。

（二）19 世纪历史比较语言学时期的研究方法

19 世纪是自然科学的盛世，欧洲自然科学的发展和研究方法对语言学产生了极大影响。当时自然科学普遍采用的研究方法是实验和分析，在此基础上，语言学中产生了经验主义和实证的方法。历史比较语言学是把有关各种语言放在一起加以共时比较或把同一种语言的历史发展的各个不同阶段进行历时比较，以找出它们之间在语音、词汇、语法上的对应关系和异同的一门学科。他们在大量调查研究的基础上，以历史比较法为基础，研究语言的亲属关系。19 世纪几位杰出的语言学家，像格里姆、拉斯克、葆朴、洪堡特等，他们在研究中收集了丰富的语言材料，进行了广泛深入的调查和比较，不仅提出了人类语言演变过程的假说，绘出了世界语言的谱系，而且创造出比较科学的研究方法，为后来的结构主义和描写语言学的产生创造了有利条件。但是，历史比较语言学在方法上也有一定的局限性，即历史比较方法偏重语言的前后相继，却忽略了语言之间的相互影响。

（三）20世纪以后的现代语言学研究

20世纪语言学经历了从历史比较语言学向结构描写语言学的转变，从描写语言符号系统内部的成分和构造的结构主义向解释语言的运作机制、进而揭示人类心智特征的认知主义的转变，使语言学与自然科学更加紧密地结合。"自然科学研究中的数学方法，包括其思维方法、统计学方法与语言学研究广泛地结合，为语言学研究打开了新的局面。而随着乔姆斯基的普遍语法理论的发展，当代语言学研究更将视野扩大到语言的生物遗传性等生物属性的研究上，出现了最前沿的生物语言学，这种结合已经不仅仅是零散利用自然科学的某些研究方法，而是整体借用自然科学的模型和术语来描述和解释人类的语言现象，使语言学具有自然科学研究的特点。"[①]语言学研究方法多种多样，如逻辑的方法、历史的方法、考据的方法、调查的方法、比较的方法、语料库的方法、实验的方法、统计的方法、生理解剖的方法等等。

三、汉语言文字的研究方法

通常，观察、分析、综合、类别、记述、说明、归纳、比较、演绎等都是科学研究所采用的方法，此外，汉语言文字研究受语言学研究方法的演变影响，有其独特的科研方法。

语言理论对语言学研究方法的改革造成一定的影响，对语言学研究的变迁进行考察，需将其放入语言发展的背景当中，力求寻找变迁的深刻基础。当然，语言学研究方法在语言史上是多种多样的，所涉及的范围、领域是多角度、多层次的，这里我们介

---

① 张瑾. 当代语言学研究的自然科学精神 [J]. 陕西科技大学学报，2006，24（6）：153-156.

绍几种重要的汉语顺应语言学及一般科学研究方法规律所形成的独特的科研方法。

（一）析句方法

从 1898 年《马氏文通》诞生至 20 世纪 40 年代，汉语语法研究基本是在传统语法学的框架里进行的。传统语法学导源于古代希腊的传统语法体系，按这套体系分析语法的标准是意义。用意义来划分实词词类；凭施事、受事来确定主语、宾语；在句法分析方面，采用句子成分分析法认定句法分析就是分析句子的结构，而作为一个句子必具六大成分：主、谓、宾语（主要成分），补足语（次要成分），定、状语（附带成分）；而在确定句子成分时又采用中心词分析法，要求先找出句子的两个中心词，分别为句子的主语和谓语，让其他词语分别依附于它们，从而依次找到宾、补、定、状语。这套语法体系来源于印欧语，它的最大弱点在于严重忽视句法构造的层次性，更严重忽视汉语语法特点。

20 世纪 50 年代，美国描写语言学的理论与方法逐步影响到汉语语法研究，出现了一批研究成果，丁声树等著的《现代汉语语法讲话》便是成功运用美国描写语言学分析方法来描写现代汉语语法的一个代表作。这部著作公开承认运用直接成分分析法。陆志韦等人编著的《汉语的构词法》提出了以扩展法作为确定汉语词的界限的形式标准，摆脱了传统语法中以"词义""概念""语感""直觉"等确定的说法为尺度的束缚。

在单篇论文方面，20 世纪五六十年代的成功之作有朱德熙的《说"的"》、吕叔湘的《说"自由"与"粘着"》、范继淹的《动词和趋向性后置成分的结构分析》等。朱德熙的《说"的"》借鉴了美国描写语言学的替换分析法和分布分析法，虽然只讨论一个"的"字，但却涉及语法研究的整个方法论问题，特别是如何确定语法单位的同一性问题。吕叔湘的《说"自由"与"粘着"》对美国描写语言学的一些方法论原则，诸如"自由""粘着""功能""分布""同一性""常体""变体"等概念在汉语语法研究中的运用进行了具体的分析，对汉语语法研究中如何借鉴美国描写语言学派的某些理论、方法等问题提出了许多精辟的见解，影响很大。范继淹的《动词和趋向性后置成分的结构分析》是国内首次应用层次分析来系统地分析现代汉语里一个具体语法现象并建立起一个分布系统的有益尝试。但是，总体来说，在 20 世纪五六十年代，美国描写语言学的理论与方法一直处于受批判的地位。这种批判几乎使整个现代汉语语法研究在相当长的时间里一直停留在哪个句子成分由哪个词语充任、哪个词语可以做哪个句子成分这样的水平上。

20 世纪 80 年代，随着"乔姆斯基革命"而产生了五花八门的现代语言学的发展，在我们的现代汉语语法研究中，除原来美国描写语言学的一些理论、观点、方法继续使用外，还从转换生成语法、"格"语法、系统功能语法、生成语义学、语用学中吸取了不少有用的观点与方法。现在，功能、分布、替换、层次、扩展、变换等观点及相关方法正广为使用，动词"价"（亦称"向"）、语义格、预设、提取、移位、空位等观点及方法亦已引入语法研究之中。层次分析成为大家的共识，变换分析正在语法研究领域里广为使用，语义特征分析、"格"语法分析、配价分析等也开始使用，并提出了语义指向分析，自觉地走上了力求语法形式和语法意义互相渗透、互相验证、互相结合的研究之路。这些分析手段的运用，一方面固然是受到国外现代语言学理论、方法的影响，另一方面也是我们根据汉语语法研究的需要而有选择地逐步吸取的，同时在实践中结合汉语语法研究的实际加以适当变通活用的。总之，20 世纪 80 年代，在深入挖掘汉语语法事实上，在进一步揭示汉语语法规律上，在语法理论、分析方法的建树上，都有较大的进步。20 世纪 90 年代，现代汉语语法研究有了新的进展。一是进一步加强了句法语义的研究和探索；二是开展了汉语形式语法学、汉语功能语法学和汉语认知语法学的研究；三是加强了关于汉语语法研究的理论思考。这一系列的进展，促使句法分析在形式与意义相结合的道路上又迈进了一大步。

（二）汉语音韵研究方法

汉语音韵研究的方法很多，简单列举以下几种：

1. 内部分析法

内部分析法是宁继福在《中原音韵》研究中发明的一种方法。宁氏认为："单纯归纳中古声类韵类在《中原音韵》里的分合不可能分析清楚《中原音韵》和声韵类别。"[①] 他认为，所谓"内部"，指的是《中原音韵》自身以及在《韵谱》《正语作词起例》以及与《中原音韵》同出一源的韵书。宁氏的工作就是围绕《韵谱》中的每个"空"及周德清、卓从之的审音记录展开的。通过全面调查全书中的各音位关系，宁氏构拟出《中原音韵》的声韵调学说。宁继福运用内部分析法研究《中原音韵》，其中最为人称道的是他对《正语作词起例》这一易为人忽略的材料给予了高度的重视，并在全面梳理中找出了《中原音韵》无人声存在的八条例证，验证了清代戈载的《词林正韵》中揭示的"人派三声"的规律。从文献材料的自身入手，来证明从中得出的观点，更具说服力。这种内部分析法改进了前人研究《中原音韵》音系的方法，特别是能够解决罗常培所建立的归纳研究法难以解决的一些问题。

2. 比较互证法

比较互证法最早是由陆志韦在《释中原音韵》中提出的。为了更清楚地理解这种方法，陆氏的具体研究程序为：先将《中原音韵》与前期的《广韵》、后期的兰茂《韵略易通》等韵书作纵

---

① 宁继福.中原音韵表稿 [M].长春：吉林文史出版社，1985：82.

向的渊源考察，比较互证，得出它们之间的声类区别，同时又与和《中原音韵》同为一系的韵书——卓从之《中州乐府音韵韵编》来比较，这样就可以发现这些区别并不来自周德清的方音。

3. 对音比较法

对音是指两种语言相互翻译时所形成的译音。这种语音形成只取音同，不论字义。对音韵研究来说，对音是极为重要的材料。对音资料大致有梵汉对音、于田语汉语对音、吐火罗语汉语对音、回鹘语汉语对音、藏汉对音、契丹语汉语对音、波斯语汉语对音、日汉对音、汉越对音、蒙汉对音、朝鲜语汉语对音、满汉对音等。

利用不同历史时期的汉语音译非汉语词的对音资料，推求当时的汉语音韵面貌，考订语音系统的方法就称为对音比较法。应用这种方法来考订音系时代明确，标音清楚，对说明汉语音系特点及其音值都有莫大的益处，因此，其向来极受研究者的重视。

在近代汉语音韵研究中，罗常培《唐五代西北方音》很著名。罗氏利用了藏文阿弥陀经残卷、藏文译音金刚经残卷、汉藏对音千字文残卷、汉藏对音大乘中宗见解残卷、注音本开蒙要训、唐蕃会盟碑拓本等六种资料，分清了一些藏文写法相同而实际语音不同，或者实际语音相同而写法不一致的音，揭示了唐五代时西北方音的一些特征。后来，像冯家升、耿世民对回鹘文的研究，杨耐思对八思巴字的研究，胡明扬对朝汉对音的研究，李范文等对夏汉对音的研究，冯的对满汉对音的研究，丁锋对琉汉对音的研究，等等，都分别取得了很大成绩，使对音比较法更趋丰富多彩和日益成熟起来。

（三）汉语词汇语义的研究方法

1. 义素分析法

义素分析即构成成分分析，是指把词义（具体指词的义项）分解为若干个语义要素——义素来进行分析辨别。所谓"义素"

是指语义系统中的最小单位，是语义的基本要素。需要说明的是：义素属于语义的微观层次，是从理论上分析而得出的词义单位，不是自然语言单位，因此，不管在语言体系中还是言语交际中，都是无法直接观察到的，只能借用自然语言来描写它的特征，它是只有在经过集合之后，才能表现自然语言的一个义项。

义素分析可用于同义词辨析。同义词是同义义场中的一类词，它们有相同的义素，也有不同的义素，而辨析同义词就是要找出这些不同的义素。义素分析还可以帮助我们判定及解释词语之间的组合关系，语义不合搭配规则的义素组合属于不合理搭配。义素组合的依赖关系表现在现实语义中便是语义搭配规则，其可以判别语言单位组合在语义上的可接受性。

2. 训诂方法

训诂方法大致可分为声训、形训、义训。

（1）声训是通过词语的语音形式来探求词义的方法，是根据词与词或者字与词之间的声音关系推求文献词义（包括词的语源义和词的应用义）的一种训诂方法。

（2）形训是通过对汉字形体的结构分析来探求字义及其所记录词义的一种训诂方法。据形索义之所以成为可能，完全是由于汉字可以表意文字，因为原始的汉字是据义造形的，这就使字与所记录的词的意义直接发生了联系，具有形义统一关系的特点。此方法可追溯到训诂萌芽时期的先秦，直至今天还可作为训诂词汇的重要方法。

（3）义训是利用书面语言环境来求得字词意义的一种训诂方法。具体表现为故训觅义、对文推义、异文知义、复语明义、方言证义、文中寻义和集例见义。

第二章

汉字及其文化内涵

第一节 汉文字发展史

汉字是汉民族先祖为了弥补有声语言的局限、满足人们日益增长的交际需要和文化寻求而创造的具有丰富文化内涵的视觉符号系统。它是中华民族思维、语言和文化发展到一定阶段的产物。汉字自出现之后，把有声汉语的时空控制打破了，让其可以用视像性的符号系统进行记录，更关键的是其用独特的文化内涵，承载了诸多历史、文化以及社会信息，标志着汉民族走进了文明时代，同时它还是中华文化传承中最重要的桥梁。作为一种标识文明的符号，汉字在发展的同时，音、形、义都发生了很大变化，形体也发生了很大变化，从图形变为了由笔画构成的方块形符号，因此，通常也称汉字为"方块字"。汉字是中华民族几千年文化的瑰宝，把形象、声音、词义集于一体，这在世界文字中也是绝无仅有的，所以，汉字具有独特的魅力。

一、风格多变的先秦古文字

远古时代，先人们一直使用口语交流，但是，伴随物质和生活条件的改善，以及人们逐渐增加的社会活动，口语已经无法满足传递和保存信息的要求了。经过先人们的努力，汉字打破了时间和空间的局限性脱颖而出，人们慢慢通过简单的文字将生活中的事情一一记录下来。

（一）结绳记事

起初，人类的智慧无法发明文字，但是，记录生活中的事情的需求使其发明了"结绳记事法"，此方法介于语言和文字之间。"结绳记事"的含义是在绳子上打结进行记录。远古时期，先人们通过采集和狩猎生存，生活方式非常简单，即便如此，也有一些事情需要记录，例如天气变化的规律、猎物的多少、人的记忆力情况等，通过外物记录一些事件可以说是质的飞跃。

诚然，上述我们提及的绳结不是在绳子上打结这么简单，而是比较复杂，甚至比现代文字还要复杂。绳结的经纬、材质、颜色、粗细的不同所代表的含义也不同。我们从材质上举例说明：有树皮、麻绳、动物毛线、草绳等类别。比如：本部落狩猎得到 30 只羊，先要将绳子涂为红色，借此表示狩猎的成功，之后用羊毛的编织物打结，3 个小结代表"3"，最后的大结代表"10"。这一记载方式与原始生活方式相契合。

（二）图画文字的出现

后来，中国进入奴隶社会。奴隶社会中，大规模的生产劳动协作的模式节约了大量的生产力，而这些节约出来的生产力便可以去做一些别的事情，比如说发展手工业、商业。为了保存现有的生产资料，以往的结绳记事已经不够用了，是以出现了新的信息载体——图画文字。

《汉书·艺文志》中记载："鲁工王坏孔子宅……而得古文……凡数十篇，皆古字也。"这些是传说中的古文字，包括庖羲氏的"龙书"，神农氏的"八穗书"，黄帝创作的"云书"，少昊氏的"鸾凤书"等等。这些字的笔画因为起笔粗、落笔细，字体像蝌蚪而被称为"蝌蚪文"。但是，这些文字仅仅出现在史书的寥寥数笔中，失传已久，没有相关文字可考。

我国最早出现的可识记文字为"创文"，这是一种刻在兽骨上的图画文字。我国先民最开始的文字并非由笔画组成，而是一些比较形象的图画，比如说"山"就简单地画出山的形象，日常生活中常见的景象被简略地画下来，作为记事文字，正可谓"书画同源"。前期的骨刻文多为记录社会生活，比如表现人和动物的各种行动，记录数字、植物、自然界的各种事物等。

这种图画文字较为简单，更像一幅幅简易画，没有复杂的深层意思，多为直接反映人的社会活动，当时的社会生活也没有现在这样丰富多彩，图画也较简单，一般为表现采摘、狩猎、自然现象等。当社会生活越来越丰富时，简单的图画已经不足以表达现有的生产资料和思想文化了，因而后期的骨刻字出现了很多会意字。所谓会意字，一般是指两个以上独体汉字的组合，比如说画一个人手里拿着武器，意为"攻"。这时期的骨刻文，图画性开始减弱，符号性增强，更像一些简单的符号，其为成熟文字的出现做好了铺垫。

（三）甲骨文的出现

光绪年间，有一个金石学家叫王懿荣，有一天，他在寻医问药的时候来到河南安阳，当地盛产一种包治百病的药材叫"龙骨"。当王懿荣看到这种药材的时候，他敏锐地发现这是一种刻有古代文字的遗物，这样，这种刻在龟甲、兽骨上的文字才得以重见天日，这就是"甲骨文"。作为我国最早的成熟文字，甲骨文出土于殷墟，它所记载的为商朝晚期的占卜记事。

这些刻在加工过的龟甲和兽骨上用于占卜的符号是"记事刻辞"，也是甲骨文的主体部分。由于甲骨文是由刀刻在坚硬的骨质上面，所以它的笔画多为直线，而且粗细均匀，字体挺拔、坚实有力，字体也以易于雕刻的长方形为主。甲骨文作为早期文字，仍然带有些象形图画的痕迹，并且字体稍显稚嫩古朴，但这仍是先民智慧的结晶。

（四）因祭祀而兴起的金文

在有了甲骨文做基础以后，又出现了金文。商周时期，我国的青铜铸造技术就已经相当成熟，为了祭祀之用，当时的工匠制造了一种容器——鼎。作为祭祀器具的鼎就成了新兴文字的载体，因此金文也被称为"钟鼎文"。

商代的金文字数较少，只有几个字，到了西周，字数显著增多。后来出土的周宣王时期的毛公鼎字数多达497个，涉及的范围也较广泛，政治、经济、军事、文化、祭祀都广有涉猎。其中，商朝的金文大多是表示族徽的图形文字，因而图画性较强，笔画粗细不一致，看起来古朴自然，更像是一个图案。到了商朝末期，已经出现较为长篇的铭文，这时的铭文有的字体已经比较规范，比如《戍嗣子鼎》。

西周时期，由于手工业的发展，社会分工明确，号称"百工"，官府对这些手工作坊进行统一管理，这也为金文的发展提供了条件。西周继承了商代的青铜冶炼技术，并且种类更加丰富，艺术精湛，金文也在这一时期发展起来。西周时期的金文经历了笔力厚重、肥笔较多、大小不一到结构规整、字体匀停、笔法圆劲的转变，逐渐展现出王朝的端庄肃穆之气，也为后世文字发展打好了基础。

二、秦朝规范统一文字

春秋战国时期的中原地区，混战一片，群雄割据，各个诸侯王占地称雄，是以导致了长期的分裂割据。在分裂状态下，诸侯国各自为政，语言文字皆不统一，这给人民造成了大大的不便。后来，秦始皇统一了六国，结束了中国的分裂状态，为求国家的统一，他规定使用"铜文"，至此全国统一的规范文字——小篆诞生了。

小篆又称秦篆，是秦始皇命李斯在秦国文字大篆的基础上整理规范的通行文字。战国时期的"文字异形"，书写不一致给国家的统一造成了极大的混乱，小篆的出现大大缓解了这些问题。《说文解字》中记载："丞相李斯乃奏同之，罢其不与秦文合者。"作为一种通行的文字，小篆相较于以前的文字笔画较为规范，章法自然，结字端庄。从后世流传下来的石碑拓片来看，秦篆书风自由、笔力遒劲、线条匀称，字体呈竖式。

小篆的字形或多或少反映了当时的社会风气。秦朝天下初定，秦始皇迫切地想要完成大一统事业，因而才颁布"书同文，车同轨，度同制"的诏令。刚从混乱的局面发展而来，天下的臣民并非一心，崇尚法治的秦朝因而以严刑峻法加以镇压，书法文字之中也不自觉地带有些严谨的气氛。作为统一的大国，须有大国风范，文字也不可过于"轻佻"，应以端庄大方为重，小篆显然无比符合这些条件，也为后世书法艺术的发展奠定了基础。

三、汉字字形由实用到艺术的过渡

（一）隶书是汉字演变史上的转折点

隶书与小篆基本为同时代的文字，不同之处在于小篆是官方文字，隶书起于民间。相传，隶书为秦朝时的书法家程邈所创，比小篆更为简易，书写简单，因此被秦始皇所采纳。如果说小篆是象形古文字的结束，那么隶书就是笔画化新文字的开始。①

相较于小篆，隶书不仅书写简单，而且它的艺术性更强。隶书字形更加宽扁，左右分展，讲究"蚕头燕尾，一波三折"，更具有灵性的动感。隶书起源于秦朝，因其特有的美感被人们所赏识，后来，小篆因为书写复杂逐渐被隶书取代，到了东汉时期，隶书的发展也达到了巅峰。"隶变"是中国书法史上的一次重大改革，从隶书开始，汉字已不仅仅是一种文字了，更是一种书法艺术。开放的结构、运动的线条，对隶书的喜爱体现了时人对书法之美的追求，以及对思想禁锢的打破。东汉蔡伦发明了造纸术，书写工具的发展也为书法的发展提供了物质基础。在其后的几百年间，隶书虽有沉寂期，但终以其独特的美感在清朝碑学复兴浪

---

① 廖才高.汉字的过去与未来 [M].长沙：湖南大学出版社，2005：96.

潮中迎来了"第二春"。

（二）形体方正的楷书

作为我国最长盛不衰的文字，楷书堪称"字中楷模"。《辞海》对它的解释是："形体方正，笔画平直，可作楷模。"它的历史源远流长，很多学者认为东汉书法家王次仲是它的创始人，楷书因其端庄大气、简洁美观而流行至今，现在仍是我们的官方文字。

书法中自有"汉隶唐楷"之称，唐朝不是楷书的出现之时，但却是它的巅峰之时。楷书出现以后，几经流变，相关追随者无数，比较著名的"颜柳欧赵"楷书四大家中有三个人出于唐朝。作为我国最繁荣发达的封建王朝，唐朝无论是社会经济还是思想文化都达到了新的高度，书法艺术也百花齐放，作为当时最受欢迎的楷书，名家频出，发展到了巅峰。

唐人喜欢华丽繁复，追求端庄大气，如果把书法比作花朵，那楷书一定是雍容华贵、颇有"正宫范"的牡丹花。唐人喜爱牡丹，同样也喜欢这格局大气、端庄有方的楷书。大唐盛世经济繁荣，思想开放，楷书艺术根植于这肥沃的土壤蓬勃发展。

（三）行云流水、风骨洒落的行书和草书

中国的书法发展史上，除了这些方方正正的文字字体，还有更能表现个人风格的字体，写起来也更加行云流水、洒脱飘逸，其中最有代表性、成就最大的就是行书和草书。张怀瓘的《书断》中说："案行书者……即正书之小讹，务从简易，相间流行，故谓之行书。"行书起源于东汉，在楷书基础上发展而来，相较于楷书书写更为简易，结字更加具有动势，洒脱恣肆。东汉末年出现以来，始终没有得到普遍应用，直到东晋王羲之的出现才使它真正流行起来。

魏晋南北朝时期，中国的思想文化异常活跃，这一时期，文学艺术服务于政治教化的要求减弱，文人们可以尽情驰骋自己的

才情。魏晋士人们纵情任性，饮酒放歌，风骨无限，严谨的楷书不足以表达个人的风范，洒脱的行书在这时候便流行开来，王羲之的"天下第一行书"《兰亭集序》也让晋朝的行书艺术达到巅峰。

草书也形成于汉代，《说文解字》有云："汉兴有草书。"字体上的草书并非随意潦草写就的，看起来杂乱不堪，笔画狂放，其实内含法度。草书流传时间很长，比较有代表性的有唐代的张旭和怀素的狂草，号称"颠张醉素"。唐王朝这个宽容的时代，再次以它无与伦比的包容性给这些个人性极强的书法艺术提供了繁荣的条件。

中华上下五千年，承载着厚重的文化传统的便是风格多变的汉字，从实用性到艺术性，这质朴的方块字始终紧紧跟随时代的潮流，反映着社会的变迁。

四、汉字的发展趋势

从汉字发展的历史看，汉字的发展存在两个基本趋势，即由简趋繁与由繁趋简。由简趋繁是汉字发展的必经阶段，而由繁趋简则是汉字发展的大趋势。

（一）由简趋繁

汉字发展的由简趋繁，学者也称之为汉字发展的"繁化"现象。是指为了增加汉字表意的准确性，减少文字交际中的歧义，人们在原来简体字的基础上增加笔画或部件，或加形符偏旁，或加声符偏旁，或改变字的结构，由原来的一个字分化成为两个或几个字。这是汉字不断丰富和发展的实际需要，也是汉字字数增加的主要原因之一。如"王"与"玉"，在篆文里它们的形体区别不大，仅在于中间一横的高低位置，书写时极易混淆。后来在隶书中加点的为"玉"，以与"王"有所区别。大量的繁化字是增加偏旁。例如："其"字加竹头为"箕"；"共"字加心字底为"恭"，加单立人为"供"，加提手旁为"拱"；"吴公"加"虫"为"蜈蚣"。

（二）由繁趋简

从汉字的发展历史看，由繁趋简是汉字发展的总趋势。[①]首先是汉字由象形逐渐变得不象形，古文字圆转的线条逐渐被平直的线条所取代。

由此可知，汉字从篆书到隶书的变化总体上是趋简的。此后草书、行书也都不断呈现出趋简的特点。作为汉字主体字形的楷书，从东汉产生到魏晋时定型，是汉字发展趋简的集中体现，楷书集中了隶书、草书和行书结构简化的许多特点。魏晋之后，楷书、草书、行书等汉字仍然不断趋简，或体字、俗体字大量产生，这是因为人们使用汉字的主要目的是交际，因此，在不引起歧义的前提下，人们追求书写的便利与快捷，或者为了使汉字更加适应汉语的发展需要，人们简化文字形体的部件，以提高识记率和书写效率。如把繁体字的一些不记音部件简化为记音的部件，如"審—审""郵—邮""達—达"。或把记音的繁体部件用相近的简体部件代替，如"價—价""慢—忧""礎—础"。再如"饑"与"飢"，在古代它们的意义是有区别的，"饑"是表示年馑、荒年，"飢"表示人吃不饱肚子，而现代汉语中已经没有了这样的细微差别，因此，"饑"与"飢"归并简化为"饥"。再如"复復複覆"，本是汉字增繁的结果，意各不同，后来人们写字趋简，常用"复"代替其他形体，于是简化字归并"复復複覆"为一，统一用"复"字。国家后来又恢复了"覆"的正体身份，这正说明繁简的选择是以方便交际为目的的。宋元以来，由于印刷术的普遍使用，汉字字体逐渐趋于固定，但是，书法家和广大人民创造了诸多简体字，如肤、补、毕、进、态、灯、认、丛、东、为等。

20世纪50年代，在中央政府的领导下，在总结前代简体字的

---

① 范利.从汉字形体演变史看现代简化改革[J].当代教育论坛,2008(23):67-69.

基础上,有组织地进行了大规模的汉字简化工作,发布了《汉字简化方案》。当然,文字并不是越简化越好,区别性与简易性的完美结合才是文字字体发展的基本原则,汉字今后的发展也要坚持这一原则。

第二节　汉字的文化特征

汉字是华夏文化最重要的载体,同时也是华夏文化不可分割的一个有机组成部分。在它的点画之中,包含着很重要的文化信息。

一、汉字的表意特征

汉字造字法以象形为基础开始发展,后出现形声、会意、指事等属于表意系统的文字。在汉字中有很多酷似一幅画的文字,如"龙"的繁体"龍",像一条头有冠、嘴大、身长的爬虫。有些字会让人一目了然,如口、木、大、山、人等,这是汉字具象性的表现,这种特点在古文字阶段表现得格外明显。金文、甲骨文中所记录的词义和汉字字形之间有着紧密的联系。在经历了隶变和楷化以后,汉字由笔画代替了线条,因此字形表意的直观程度大幅度减少,但是形声字的形旁,仍然在表示字义类属方面起到一定作用。如以"口"字为形旁的字,表示与口有关系的动作的字,有吸、呼、喘、啼、喝、吃;表示与口有关系的部位的字,有喉、咽、唇、嘴等。因此,现代汉字仍然属于表意系统的文字。

二、汉字结构的文化特征

(一)汉字结构的基本方式——六书

汉字的结构,有"六书说",汉代的班固、郑众、许慎都谈到过"六书"的具体门类,三家所说内容相同,但名称和排列次序各异。清代学者对"三家说"进行归并，取许慎的名称，取班固的次序，将"六书"确定为象形、指事、会意、形声、转注、假借。

（1）象形，是汉字最基本的造字法，它是把客观事物的形体描绘下来，加以图案化、线条化的造字法。许慎在《说文解字叙》里说的"象形者，画成其物，随体诘诎，日月是也"，即是此意。为什么说象形是汉字的基本造字法？许慎在《说文解字叙》里说："仓颉之初作书，盖依类象形，故谓之文，其后形声相益，即谓之字。"这是说：文与字是不同的，文是象形的结果，字是形声相益的结果。很明显，形声本身也是象形基础上的产物。因此，象形是汉字最基本的造字法，象形字是汉字的代表，如：日、月、鱼、鸟、马、车、龟、木、禾、口、首、人、刀、皿、壶、鼎、角、网、衣、舟、女、母、象、鹿、豕、犬、兔、齿、雨等，此外，鬼、龙等字也是象形字，但它不是具体事物的形象，而是想象中事物的形象。象形字虽然不多，但它很重要，它不仅是形声字的基础，也是指事字和会意字的基础。

（2）指事，是在象形字上指出局部为"事"来，它既不同于象形，也有别于会意。《说文解字叙》说："指事者，视而可识，察而见意，上、下是也。"指事字如本，是木的根部；末，是木的末梢；刃，是刀的锋口；亦，两点在人形的两腋下，指出两臂下的腋窝，亦字今作"腋"。上、下二字古写"上"，《说文解字叙》说："高也"，地面上一点，表示它在地上高处。"下"，《说文解字叙》说："底也"，地面下一点，表示它在地下低处，即底部。

（3）会意，是一种类似电影蒙太奇的造字法。蒙太奇原意是镜头组合，蒙太奇的基本原理，就是镜头组合产生新含义。苏联的蒙太奇大师爱森斯坦就认为"鸣""吠"都是很好的蒙太奇。鸟张着嘴就是鸣，狗张着嘴就是吠（爱森斯坦时代是无声电影时代）。会意字就是两个意组合在一起产生新意，《说文解字叙》说："会意者，比类合谊，以见指撝，武信是也。"会意字如：牧，养牛人，像以手执棒赶牛，表示放牧；兵，兵器，像以两手执一斤（斧）；"伐"，攻击，像以戈挑人；休，息止，像人依树木而休息；旦，像太阳升出地面，表示白天；尖，上小下大为尖；卡，不上不下为卡；见，人上有大目，表示看见；从，二人相跟随，表示听从；林，二木相并，表示树木成林；尘，小土为尘。劣，力气少为劣。

（4）形声，这比较易于了解。《说文解字叙》说："形声者，以事为名，取譬相成，江河是也。"一个音符一个形（意）符，形符在结构中的位置可以有不同，常见的有六种：①内形外声：哀、辨、辩、闻、问；②内声外形：街、匡、匮、围、囤、固、衷；③上声下形：笃、盎、盆、婆、舅、忠、基；④上形下声：空、置、寓、简、管、菲、藤；⑤左声右形：救、锦、颜、颊、期、钦；⑥左形右声：语、词、精、偏、础、碑、棋。

（5）转注，《说文解字叙》说："转注者，建类一首，同意相受，考老是也。"对于什么是转注，要从许慎举的考、老两字入手来理解。"建类一首"，是说考字从老；考是老的类属，老是考的部首。"同意相受"，是说考老二字可以互训，字义相同，考即是老，老即是考。这样，考老二字是转注字。有的学者认为，可能本来只有个老字，但某些地方说老音如考，于是由老加以变化再造出一个考字来。根据这个说法，走、趋，舟、船，言、语，至、到，象、豫都可以看作转注字。

（6）假借，关于假借，《说文解字叙》说："本无其字，依声托事，令长是也。"这句话说得也简约，容易使人误解。一般认为正确的理解应该是：口语里有这个词，但笔下本来没有这个字，于是依照它的声音找出一个同音的字来"托事"（借用），再把原来的字另外加上意符，这就又造出一个字来了。如："凡"

原是个完整的船帆的形象，假借为"凡"以后，将它加上个巾作"帆"，表示原来的意义，这就又造出一个字来了。与此相类的例子有：帝，原是个花蒂的形象，假借为上帝的"帝"，再从草作"蒂"字；北，原是二人背向的形象，假借为南北的"北"，再从"月"（肉）作"背"字；其，原是个完整的簸箕的形象，假借为其他的"其"，再从竹作"箕"字；易，原是个完整的蜥蜴的形象，假借为容易的"易"，再从虫作"蜴"字；莫，原是个"日落草丛中（傍晚）"的形象，假借为没有的"莫"，再从日作"暮"字；令，原是一个人侧坐大口向下发令的形象，假借为令使的令，再从口作"命"字；长，原是个披发狂人的形象，假借为令长之长，再从人作"伥"字（伥，狂的意思）。所有这些给我们的强烈印象是：汉字的创造，基础是象形，在表意方面有丰富的信息内涵，这与单纯的表音的西方文字有很大的不同，汉字的丰富信息内涵与构字手段必然要反映出汉民族的文化个性。

（二）汉字构形的人本取象与人文观念

汉字以象形为基础表示物体。除了有形体之外，汉字表意时都是以人为本的。大小之"大"取人的正立之形；中央之"央"取人立于门框中央之形；跟从的"从"取二人相随之形；众多之"众"取三人相聚之形；朋友之"友"取两只手形表示互助；企求的"企"，取人踮足渴求的姿态；好坏的"好"取女人抱子之状；妩媚之"媚"取女人眉眼之形；甘美之"甘"取口中食物不舍下咽之形；包裹之"包"取人的胞包之形；表示性别的匕（女性），取向下之人形，于是雌性动物是牝；表示程度的"甚"，取沉湎女色之形（从甘从匕）；蔑视之"蔑"取立眉瞪眼踩戈脚下之形。如此等等，都表现出汉字建构中的人本倾向。究其原因如下：

人作为一个智慧的、理性的物种，出现在地球上，他们与动物的不同之一在于他们有了日益强烈的自我意识与自我关心。这一点，东方人与西方人没有什么两样。古希腊的普罗塔哥拉说：
"人是万物的尺度。"这是一种典型的人本思想。不仅如此，人
还会把自己的思想感情投射到认知的对象上去。法国拉封丹的寓
言说："老鼠认为世界上最可怕的动物是猫。"这里的老鼠实际上
是隐喻的人，人总是把自己的所想所虑投射到对象上去。人在创
造语言文字的时候，特别是象形、表意的文字的时候，他们对世
界的映象，他们心理的关注，都在其中反映出来。汉字正是这样。
姜夫亮说："整个汉字的精神，是从人（更确切一点说，是人的身
体全部）出发的，一切物质的存在，是从人的眼所见、耳所闻、
手所触、鼻所嗅、舌所尝得出的（而尤以见为重要）。故表声以磬、
以箫管，表闻以耳（听、闻、聪等），表高为上视，表低为下视，
画一个物也以人所感受的大小轻重为判。牛羊虎以头，人所易知
也，龙凤最祥，人所崇敬也。总之，它是从人看事物，从人的官
能看事物。"[1]

　　同样是主体投射，东西方民族却有不同。西方人是一种"外
向思维"，其主体投射的意识前提是世界的对象化，他们明确提
出，他们的一切活动，其目的都是为了认识世界、征服世界，他
们的口号是："我们不能等待大自然的恩赐，我们要向大自然索
取。"而中国人的主体投射更倾向于主客体统一、人与自然的合
一，认为世界内在于人而存在，认识了人自身，也就认识了自然
或宇宙的根本意义。而且喜欢通过自我反思、自我体验、自我知
觉、自我证悟，穷尽人和万物的一切道理，这是一种"内向思维"。
庄子的"天地与我并生，万物与我为一"（《庄子·齐物论》），
孟子的"万物皆备于我"（《孟子·尽心上》），董仲舒带有神
化皇权色彩的"天人感应"之说，皆是内向型主体思维哲学倾向
的表现。汉民族这种内向型主体投射不仅体现在一般思维和认知

---

① 姜亮夫.古文字学 [M].昆明：云南人民出版社，1999：69.

上，而且浓烈地反映在文字符号结构形态上，将人的主体意识与自然法则的统一也内化进去。汉字的构形以人的肌体和行为通于一切事物，这就是汉字构形的人本倾向。

汉字的人文观念，不仅表现在人的至尊至贵上，而且表现在对人的之所以为贵，之所以为主的阐释上。汉字"仁"的构形典型地说明了这一点。前面我们谈到中国传统思维的模糊性，许多概念没有严格的界定时，曾举"仁"的概念为例。"仁"的概念在中国古代思想家那里的解释是游动的、发展的、不确定的。不过就"仁"而言，其不严格、不确定的解释中也有互相联系的地方。中国古代的人文主义强调人际关系的和谐，为了维护既定的社会伦理和秩序，应该牺牲个体利益，直至"杀身以成仁"。文艺复兴时代，西方的人文主义针对封建教会神学势力宣扬的禁欲主义，针锋相对地提出了"个人自由"和"个人幸福"的口号，强调个性解放，认为追求个人的自由和幸福是人生崇高的目的和天赋的权利。

在中国古代文化里，孤立的"个人"没有地位，与"孤"有关的汉语词汇往往带有贬义，如"一意孤行""孤家寡人""孤立无援""孤芳自赏""孤陋寡闻""孤男寡女"等等。西方人文主义的个体本位与东方人文主义的群体本位两者之间有明显的不同。申小龙先生在谈人文主义时未加区分，这里算是一个理论上的补充。

（三）汉字二合结构及汉字信息的丰富性

古代汉民族很早就形成"物生有两""刚柔相济""一阴一阳谓之道"的朴素辩证思想。这种思想在汉字构形及其发展中也能够体现出来。

在古汉字中，真正能独立描绘事物的字形不多，如"山""门""人""象""女"等，大部分象形字采用借代、衬托或象征的方法。具体有如下几种情形：（1）画部分以代全体："羊""牛"画头角，"木"画枝干，"车"画车厢和轮，"马"画头和鬃，"虎"画口和牙；（2）画他物以衬托或象征："瓜"画"瓜蔓"，"齿"画口，"眉"画目。至于动作行为只能突出活动的生物器官，如"企"以足尖着地象征，"祝"以屈体之人仰天之口象征，"鸣"以鸟嘴象征，"臭"以捂鼻象征；（3）突出活动的环境：如"集"以木作背景，"盥"以盆作背景，"涉"以水作背景；（4）突出活动参与的各方：如"牧"以持鞭之手和"牛"合成，"逐"以人足和豕合成，"采"以手和树上之果合成。以上四种情形已经表明，汉字基本上是以二合为基础的，而二合又是建立在象形基础上的。从发展角度说，汉字是由单体到合体，由"一"到"二"，由简单象形到会意象形的过程。会意，正是汉民族辩证思维的一种原始的、朴素的运演。

会意字大多是相互对待的两个形象会意，如"步"以双足会意，"北"以二人相背会意，"舀"以手与穴会意，"旦"以太阳与地平线会意，"戒"以双手持戈会意。除这种会意外，还有一种会意是一种理性解释的二合结构。如山高合为"嵩"，小土合为"尘"，入米合为"籴"，出米合为"粜"，大长合为"套"，少力合为"劣"，山石合为"岩"，大小合为"尖"，上下合为"卡"。这里字符抽象出的意义代替了具体事物的形符，这种二合结构已渗入了理性的逻辑含义。

假借字不但解决了防止汉字库过分膨胀的问题，而且产生了一个新的契机，即认识到语言符号可以离开意义而靠声音来组词。这个声音可以利用原来一些字的声音，使那些原来的书面符号产生新的意义。这样，本来是表示语气和一定语法意义的虚词就有了自己的形体依托了。如"莫"原为黄昏日落草丛之意，现可借为没有之"莫"的意义；"其"原来是画的一个簸箕，现可借作其余之"其"的意义了。假借字在殷代曾相当发达。根据对《殷契粹编》用字的统计，其全书 20856 个字中，假借字达 12701 个，约占总用字的 61%。假借使象形汉字表词（虚词、实词）功能大为增强，更使按语句顺序记录话语成为可能，并使语法规则逐渐稳定。申小龙说得好：自假借大量使用后，汉字真正跨入了音节表意文字阶段。当然假借的基础还是象形和会意，没有象形、象事、象意等写词法作前提，假借是不能成功的。古代的造字者逐渐认识到声音相同的不同词最好加意符给予区别，意义相同的不同词最好加声符给予区别，也就是说，在字义混同时标音，在字音混同时标义，从而使大部分汉字都能在音义两方面站住脚，以二合求统一。这样一来，我们祖先造字的意义结构辩证二合观点发展为音义关系上的辩证二合观点，从而导致了形声字的大量出现。正是形声字的涌现，使汉字构形进入一个前所未有的充分发展阶段。其，既作虚词用，那么簸箕意义的其加上"竹"字头成"箕"，"莫"既作虚词用了，那么黄昏意义的莫加一个日字成"暮"，其他"帝""蒂"、"北""背"、"易""蜴"均作这样处理。形声字的造字法使字的衍生功能大为增强。当代的《辞海》中，在"木"字部首下，以"木"为意符（偏旁）的字达 500 个以上。从整个汉字系统来看，甲骨文中的形声字约占全部字数的 20%，后世的形声字则已占全部字数的 90% 了。

形声字的结构从表面看有几种情形：左形右声（如谈、河），右形左声（如胡、期），上形下声（如箕、药），上声下形（如基、盲），内形外声（如闻、辨），内声外形（如围、裹）。不过在形与声的关系上，形符是附属于声符的。如前所说，形声音字的主要动力是区别同音的假借字。后来加上形符，其作用是给声音所表之义加注标记。故我们想了解字义的根据，应更多地把注意力放在声符上。

形声二合结构中，由于形近而分化的字少，同源音近而分化的字则占大多数，故形声字的声符形体较形符稳定。形符由于仅起一个标记意义的辅助作用，因此带有很大随意性，缺乏系统性和逻辑性。如"犬"旁的"狐""猴""猎"并非同类，鱼旁的"鲸""鲤""鲒"也不是同类。"笑"用竹字头，"演"用"水"旁，"蛮"用"虫"旁都使人摸不着头脑。同一字的形符常有异体，这更增加了随意性，如"逼"与"偪"、"呡"与"毗"、"挽"与"鞔"皆是。反之，同一事物又有多种形符，如与手有关的形符有"寸""爪""殳""手""支""又""聿"等十几种，与行有关的形符有"足""行""哎""彳""步""走""辵""尤"等多种。还有许多形符属不必要的重复，如"火""炎""焱""虫""蟲"等。

此外，形声字的主体一声符通常形体稳定，而形符常要作变形，以显示出形符对声符的依从性。较小的变形为"土"旁，作声符时不变（如杜、肚、吐），作形符时则倾斜（如堤、坊、地），较大的变形如"足"旁，作声符时不变（如促、龊、捉），作形符时则变形（如跑、跳、跃）。

以上的情况表明：中国朴素的辩证思维用于汉字的二合结构习惯于合二而一，区分主从，又能随机应变，但中国人传统的思维方式不讲究形式逻辑，事物的划分没有统一标准，归类有很大随意性，这也在汉字构形中反映出来了。意符的意义有时代局限性，音符规则性不强，这是表意文字系统无法避免的问题，而中国传统思维的不重视逻辑则更加重了这个问题。有人由此得出了汉字比英文单词难记、难学的结论，其实这个结论并不正确。尽管汉字有上述一些缺点，但由于汉字本身具有巨大优势，即在象形基础上的表意文字，90% 以上是形声字，其信息丰富，提示性强，既有猜读的可能，又有联想的余地。因此，汉字比英语单词容易掌握，有人做过实验，结论是小孩子学汉字比学英语单词记得快、记得牢。而且，汉字结合成语词能力极强，故而能以简驭繁，掌握了 4000 个常用汉字，就能广泛地进行阅读和进行一般写作了，而在英语中（比如掌握 4000 个常用词），这是做不到的。

人脑的语言中枢是在大脑的左半球。欧美人使用拼音文字，他们记认字音字义使用的是大脑左半球，而且仅仅是左半球。而中国人记认汉字时是大脑左右半球都用的。左半球记认字音字义，右半球记认字形（连字义），而且左右半球均匀协作。欧美人在大脑左半球受损以后，可能会发生一种失读症，即看到拼音文字读不出来，而中国人患失读症的则要少得多。

（四）汉字构形、构义的灵活通变思路

汉字在其发展过程，字体适应时代需要的变化过程：甲骨文—大篆—小篆—隶书—楷书—行书，汉字因此而获得了强大的生命力，体现了中国哲学"刚柔相推、变在其中""穷则变、变则通"的朴素辩证思想。这一思想在汉字构形、构义中也得到了充分体现。汉字基本上是二合结构，但不排斥少数的三合结构，如品、晶、森、众等。在汉字的结构中要贯彻结构平衡的原则，结构平衡也是汉民族文化表现形式的一个显著特征。中国古代建筑，其平面布局强调中轴线，沿轴线展开格局，并在轴线上布置最重要、最高大的主题建筑，因而主次分明，平衡对称。宫殿和四合院大多按此布局建造。至于园林艺术就不是简单地讲对称，而是要在总体上讲究匀称与和谐。第一幢房子本身仍是对称的，而亭台、假山、水池、树木、草地之间就要讲对照、掩映、开合、断连了，其总的要求是匀称和谐。如北京、苏州的园林即是如此，中国语言也是如此。汉语音节由声母和韵母组成对立平衡，声调有阴阳上去的变化。汉语的音律有整体的平衡变化美。汉语的词汇发展中实现了以双音节为主，汉语的成语类固定结构以四音节为主，汉语的句法也讲究平衡、匀称美。同样，作为方块字的汉字结构也十分重视平衡匀称美。

汉字形符位置往往受声符制约。声符细长的，形符在横轴上

配，成左右结构，如经、娟、炒、财等；声符横阔的，形符就在纵轴上配，成上下结构，如絮、聚、烈、赏等。反之，形符细长的，声符就在横轴上配，如讼、项、颂等；形符横阔的，声符就在纵轴上配，如翁、瓮、空等。形符声符互相制约，有时为了平衡匀称，位置上和形态上会有变化。如"心"作形符，在纵轴为忐；慕，在横轴为愉、侮；"手"在纵轴为掌，在横轴为打；水在纵轴为桨、益，在横轴为江、河；火在纵轴为煎、荧，在横轴为煌、炜；"羊"作声符，在纵轴为恙、美，在横轴为祥、翔；肉在纵轴为育，在横轴为胁，等等。

结构平衡并非二合两部都是平分秋色，根据具体情况，有的笔画多的偏旁可占方块面积的三分之二，如搁、海、徊、待、懈等。凡三个字符组成的字不采取三者并列或上二下一，而是品字形排列，如晶、鑫、森、蟲等，给人以稳定感。有的形符、声符繁简差异很大，为平衡结构，就要改变其大小，如疆字，将土写在弓字里。有的字符繁复的则删繁就简，如星字的形符"日"是从"晶"简化而来，"标"的声符"示"是从"票"简化而来，阳的声符"日"是从"昜"简化而来，匀的声符"勹"是从"匀"简化而来，等等。

不仅字形可以变化，汉字构义思维也渗透着阴阳变化的朴素辩证思想。原始文化字符意义此较混沌，一种事象意义包含着向反面转化的可能。如"受"字，甲骨文像上下两手持舟相受。从接受方说，有取得之义；从给予方说，有赋予之义。在古汉语中，"受"字在不同语境下可作上述两种解释。"仇"有匹偶之义，又有怨家之义，看你在什么语境下用。段玉裁《说文解字注》说："仇者兼好恶之词。相等为敌，因之相角为敌。"前一个敌是匹敌，后一个敌是仇敌。

中国的汉字构造在方块的规矩之中极力变化以求平衡与匀称，令人想起中国戏曲在程式之中唱、念、舞、打追求协调与优美，想起中国的绘画在尺幅之中讲究藏、露、浓、淡、呼、应，给人以均衡和谐的美感享受。

三、汉字的文化内涵

汉字形体蕴含着古代社会文化的丰富信息，体现了汉民族的审美情趣。其价值不仅在于它作为完整的语言符号体系所记录的内容，还在于其可以充当某些文化信息的生动提示和指向，从某些侧面显示了古代人的思维方式，如"北（背）"，甲骨文像两人背对背，朝向不同，当然就是相违背的意思。汉字的原始构形与其最初的意义，常常勾起人们对远古神话传说和当时生存状态的记忆和联想。

（一）反映了古代先民的生活环境和生产活动

汉字产生在我国原始社会后期和奴隶社会前期，农业、畜牧业和制陶、铸铜等手工业是这一时期主要的生产活动，通过考察早期的汉字，可以看出古代先民的生存环境和生产活动。除了日月山川、风云雨雪之外，各种动植物也反映在古代汉字系统中。猪、马、牛、羊、犬、鸡等六畜的名称相当丰富，仅马的名称就有 51个之多，不同性别、不同颜色、不同用途的马，都各有各的名称，从而反映出马在游牧时代的重要性；"鹿""象"等字在甲骨文中的出现，说明当时的中原曾经是大象和鹿出没的地方；"事"的字形则像双手拿着有柄的网捕捉一头猪的样子，说明捕猎是当时的生产活动之一。不仅如此，自然界的灾难也让人们刻骨铭心，"灾"字的字形像大水泛滥的样子，这说明洪水曾经是远古人类所面临的重大灾难。

人们的衣食住行也在汉字中有所体现。古代人穿毛皮衣，毛是朝外的，所以罩在皮毛外面的衣服就写作"表"，表的本字是由"衣"和"毛"两个字合成的。在古代，室内没有凳、椅等坐具，席子铺在地上，所以《论语》中有"席不正不坐"的说法。人们吃饭、看书，主要用几、案。几是一种矮而小的桌子，同今天的茶几不同；

案是狭长的桌子，可以分为食案和书案两种。食案是古代进食用的短足木盘，形体不大，很轻，便于搬动，有点儿像现在的大托盘，"举案齐眉"的"案"指的就是这种食案。

（二）反映了远古社会的各种制度

首先，甲骨文可以说是氏族制度的写真。《说文解字》说："姓，人所生也。"这清楚地表明了同姓的人都是一位女性祖先的子孙。姓是母系社会统一血缘关系的人群的标记，传说中的上古汉族大姓"姜、姬、嬴、姚"等都是"女"字旁，这充分说明了在氏族社会人们只知其母，不知其父的史实。

甲骨文中的很多字反映了奴隶社会情况。"僕"像一个额上有火印、臀下有尾饰的人手中拿簸箕，箕中盛着灰尘。可以看出，"僕"就是从事家内打扫事务的奴隶。甲骨文中的"众"，像三个人在烈日下进行生产劳动，画出了一群在炎炎烈日下从事农耕、备受煎熬的奴隶的形象，这是当时奴隶生活景况的写照。

据考证，现在和钱有关的字大多以"贝"字作为偏旁。这是因为在渔猎时代，人们把贝壳作为生活中的货币，所以现在表示买卖的贩、贸、购，表示抵押赔偿的赔、偿、质，表示借贷的贷、债、赊，表示送礼的贿、赂、赠等，都以"贝"字作为偏旁。

古文字还形象地反映了古代各种刑罚。"伐"的甲骨文字形像用刀砍断人的脖子，这说明在古代就有砍头的刑罚。"辛"是古代罪人的符号，"妾"是古代战争中捕来或俘获来的女奴，所以用"女"上加"辛"来表示。

（三）汉字反映着丰富的民俗文化信息

在汉民族祖先的日常生活和社会活动中产生了汉字，因此，汉字当中包含着汉民族祖先的社会生活的许多内容以及丰富的民俗信息。此外，长幼尊卑、稼穑渔猎、婚丧嫁娶、衣食住行等内容都通过汉字的点画投射出来。所以，将汉字称为研究和认识汉民族习俗文化的"活化石"也不为过。

（四）汉字展示着华夏民族的审美倾向

汉字还展示着华夏民族的审美倾向。奇妙无比的中国书法艺术之所以能从汉字书写中发展成为一种艺术门类，就是因为汉字有着意味无穷的文化内涵。正是这种文化内涵，赋予汉字一点一画以极大的美学潜力。古往今来，不可胜数的风格各异、个性鲜明的书法艺术珍品，不仅是对汉字美学潜力的挖掘，也是对华夏文化的贡献。而书法艺术风格的形成和发展，则无不受着华夏民族动态的审美倾向的制约。华夏民族审美意识对汉字的制约作用，无论在汉字形体演变的过程中，还是在书法艺术的发展过程中，都得到了十分鲜明的体现。

几千年来，汉字继承了中华民族的优秀文化，展现了它独特的魅力，为中华文化的传承做出了重要的贡献。它不仅以其独特的魅力增强了整个中华民族的凝聚力，而且在很早以前就对日本、朝鲜以及东南亚诸国的文字产生了深远的影响，成为世界文化中一颗璀璨夺目的明珠。

四、汉字的文化功能

（一）传播功能

任何文字都是为了实用之需而创造的。文字一方面是文化的载体，反映着思维认知、物质生产的水平，另一方面它又是文化传播的媒介。"愚者得以不忘，智者得以志远"，文字与语言相比，具有"迹""画"的特征，是记录语言的符号，在传播上可以超越时空界限，所谓"开篇玩古，则千载共明；削减传今，则万里对面"。同时，汉字又是人们文化世界的一种反映，它弥纶天地，统摄万物，给事物命名，又在其中融注文化观念，这里突出体现了汉民族对汉字人文性的强调。

应当指出，中国人在认识文字的一般传播功能之外，还赋予它另外一种传播功能，这可称为"定向传播功能"。"文"和"化"是密不可分的，"文化"之含义就是"以文教化"，"文"是体，"化"是用，这里也体现了中国文化的伦理型特征。《说文解字叙》称：文字是"经艺之本，王政之始"，是"前人所以垂后，后人所以识古"的凭代，也是统治者"宣教明化于王者朝廷"的工具。许慎治文字，就是为了"解谬误，晓学者，达神悟"，以服务于"宣教明化"之目的。

（二）映射功能

世界上各民族文字均凝结着一定的文化信息，汉字中所蕴含的文化信息则相对更为丰赡。汉字在时间维度上表现为稳定与延续，可以从当今追溯到远古，而且它还是目前世界上唯一还在使用的象形文字系统，这种以"象"为主要特征的文字系统更易于摄入文化信息。我国古代一直贯穿着以字证史、推迹名物的传统，文学家每每用文字去睨测社会之演进、人文之构置，《说文解字》中就充满了这种以字探讨社会文化的内容。随着甲骨文的出土，此风更炽，罗振玉、王国维、郭沫若等都是这方面的大家。在海外汉字界，也盛行着从文字入手来考证历史乃至中国人的心理特征的风气。如在法国，就形成了汉字研究的语源学派。

汉字的文化映射作用体现在文化研究各个方面，如从汉字的发展来看文化的变迁。田，今作为田地之称，然在商代，一般并不作此意，而作狩猎讲，即所谓"田猎"。商代牧业很发达，所以在中国文字上不是后来的禾黍粟麦的田，而是供刍狩猎的田。

从偏旁部首的演化也可探测文化变迁的痕迹。唐兰先生说，汉字偏旁可以指示我们古代社会的进化，因为畜牧事业的发达，所以牛、羊、马、大等部的文字特别多；因为农业的发达，所以有草、木、禾、米等部；因为石器时代发展为铜器时代，所以有玉、石、金等部；因为思想进步，所以有言、心等部。假如去探讨每部的内容，恰等于近代的一部专门辞典。

在中国文化发展的过程中，汉字常被用来证明一个朝代统治的合法，给人们思想行为提供某种规范，甚至被认为具有预卜吉凶、除妖祛病的功能。中国人往往不仅把汉字作为文字符号来对待，而且常常把其视作携带着某种观念的神秘符号。

汉字也被作为攫取权力的手段。在这样一个长期的封建国家里，君王享受着至高无上的权威，天下之大，莫非王土，庶民之众，莫非王臣。文字也不例外，它也常常被用作统治者的工具，秦始皇依权造字、武则天恃权改字就是显例。统治者利用文字去传播教化，也利用文字来证明其统治的合法性。让我们来看古人对"王"字的解释。汉纬书称孔子说："一贯三为王。"董仲舒："古之造文者，三画而连其中，谓之王。三画者，天地与人也，而连其中者，通其道也。取天地与人之中，以为贯而参通者，非王者孰能当是？"这便告诉我们，王可以上通天地，下尽人伦，代天地立言，为人类造福。《白虎通》说："对人无土不王。"因"王"字可以拆为"一"和"土"，一为天，土为地，天下之土，莫非吾有，所以王也。有人还将"王"释为"王者，往也"。通过声训的方法，说明君王统治天下的合法性，将君王的专断行独说成是天意所钟，民所乐归。汉字还被作为价值判断的依据。人们常说"人言为信""田力为男""女在室内为安"，这些，就不把文字当作语言符号来看，而是把它当作蕴含着某种道德观念的符号。人们在不自觉中把这种符号当作判定是非的标准，汉字俨然成为价值判断的依据。自春秋以来的两千多年历史中，许多汉字被附加上既定的道德内容，而且层层累积，其中文字发挥了教化的作用。在汉字音形的基础上，人们通过接触文字，或多或少地接受了其附带的观念，于是教化作用也就实现了。

（三）表现功能

所谓表现功能，就是说汉字的形体具有激越情感和表现情感的功能，这是汉字独具的魅力。[①] 许多汉字是一些原始的符号，原始得犹如化石一般，千百年来，无数人在它古朴的形式上流连、吟玩，唤起了美妙的情感，启发了创造热情。诗人刘湛秋曾说："它们可不是僵硬的符号，而是有着独特性格的精灵。这些有影无形的图画，这些横竖勾勒的奇妙组合，同人的气质多么相近。它们在瞬间走向想象，又从想象中流出，只是在记忆中留下无穷的回味。这是一些多么可爱的小精灵啊。"在这里，汉字已不是文字符号，而是成了和人们情感相通的独特形式。汉字这一神奇魅力的根源主要在以下两个方面表现出来：

首先，汉字是在象形母体中产生的，象形可以说是汉字的根。这一特点，使得它密切了和现实社会的关系，汉字往往能激起人们独特的体验。汉字可以刺激人们的生命体验，而汉字隶化以后脱离象形又不离象形的特点，更容易产生一种形式张力，驱使人们去复现其"有意味"的世界。

其次，汉字形体还可以转化为一种"生命语言"，即表现生命、表现情感的符号。拼音文字一般只有几十个字母，字母多由圆圈、曲线、直线和斜线等构成，其形体的变化发展受到了限制。汉字的情况却不同，有多少个汉字就有多少个形态，每个字的笔画部件各不相同。书法可以说是直接得益于汉字的形体之便而创造起来的，即把汉字本来优美的形式加以优美的书写表现出来。汉字能从书写符号上升到书写艺术，主要源于其线条的魅力。从造型心理学的角度看，大自然中并不存在线条，线条是人对世界的一种抽象，是一种心理的形式，它具有潜在的艺术表现力。汉

---

① 詹绪左，朱良志.汉字的文化功能[J].天津师范大学学报，1994（1）：74-80.

字以线为主的奇妙组合形式决定了它可以成为审美对象，书法将汉字的世界进行了彻底的开掘，书法通过墨的干湿浓淡和线条运动的疾徐涩畅等配合，将汉字线条外部变化为内部的变化，如横在汉字中只有一种写法，但在书法中却具有无限多样的变化形式，与每个书法家的情绪相韵合。

第三节　汉字研究的文化语言学方法

一、汉字研究的人本精神

汉字研究的人本精神源于汉字本身的人本精神。上古时代的人，其思维方式具有直观的特征。人们以眼、耳、鼻、舌、身五个器官来感知事物，特别是以眼看事物。依靠直观，人们把握了事物。如人们通过对神主外形的直观把握了"示"这种事物；通过对以手持肉献于神主之前的形象的直观把握了"祭"这种行为；通过对于盾牌在器皿中的形象的直观把握了"古"（固）这种性质。当创造汉字时，人们首先通过对事物的感性形象的线条式特征性描绘，来与表示事物等的语素意义发生联系，形成一个个汉字；然后以此为基础，又创造大量汉字。

人们创造汉字时，"仰则观象于天，俯则观法于地，观鸟兽之文与地之宜，近取诸身，远取诸物"。应该说，人们观察的重点是放在人自身上的，而创造汉字时也多"近取诸身"。

在汉字里，人的形状是基本的重要的构字材料。有时表示非"人"的意思的汉字却有"人"形的字符，这一点鲜明地体现了汉字的人本精神。有些语素的意义很抽象，给这种语素造字时，画出任何一个具体的物象，都有以偏概全之嫌。为此，人们就用抽象的形符造出一些字。这些字的形符既像甲，又像乙和丙，但是既不是甲，也不是乙和丙。这类汉字反映出人类的抽象概括能力，鲜明地体现出"人"性。

在甲骨文中已有"形声字"，后世还有少力为"劣"、任几为"凭"一类的"会意字"。一般说来，这两种汉字都是在已有的汉字的基础上再创造出来的。这两类字所用的字符，原来大都是独立的汉字。由于前述的理由，这些字符都具有很强的人本精神。既然"形声字""会意字"的元件如此，那么整个字也应该是这样。传统文字学与汉字是一对孪生姐妹，既然汉字有很强的人本精神，那么以汉字为研究对象的传统文字学也是如此。

二、汉字研究的文化视界

无论是考察具体汉字的构造，还是探讨汉字的作用及产生、发展等理论问题，古代文字学家们多喜欢采用汉民族文化史的视角，而不是就汉字而研究汉字。

（1）人们对具体汉字构造的揭示常常与对相关文化要素的阐释相结合。如研究一些具体汉字的构造时，常常把相关的物质文化要素引进来。例如《说文解字》曰："舟，船也。古者，共鼓、货狄，刳木为舟，剡木为楫，以济不通。象形。"许慎先指出它的本义，接着阐释了"舟"的创造者、创造方法及样式，意在说明古时候的船和汉代的船不一样。那时的船不过是把一棵大树的树干剖开掏空后做成的。这种文化阐释，不但使人更具体地理解了"舟"的本义，而且构成了解释字形的基础："舟"字正像古代的船形。

（2）在说文解字时，古人还常常阐释制度文化现象，以使人透彻了解汉字的义和形。例如"郡"，《说文解字》说："郡，周制，天子地方千里，分为百县，县有四郡。故《春秋传》曰：'上大夫受县，下大夫受郡，是也。至秦初，天下置三十六郡以监县。从邑，君声。"许慎在这里没有对"郡"下定义，而是简明地阐释了郡县制的沿革。这不但使人们对"郡"的含义有了确切的历史了解，而且奠定了字形分析的基础，知道这是个形声字。

（3）有些汉字可以说是古代习俗的图解，不阐释习俗就没办法说清楚汉字的形和义。例如"琀"，《说文解字》说："送死口中玉也。从玉从含，含亦声。"在古代习俗中，会将珠、贝、玉等放在死者口中。在周代，口中所含的东西，因身份不同而不相同。通常，玉用于天子死的时候，璧用于诸侯死的时候，贝用于士死的时候。古代的这种习俗，许慎在说解"琀"字本义时讲出，这对于分析字形有很大帮助。"琀"兼指玉、珠、贝等，天子口中的玉是最贵重的，所以从"玉"；"琀"是让死者含在口中的，所以字从"含"。"含""琀"属同源词，后者是由前者分化而来，因此两者声音相似。

可以看出，古人在解释具体汉字的构造和本义时，通常将它们放在中国文化的宏观背景下进行考察，这是传统汉字学的优越处和特点。现如今，我们从事建设当代中国文字学的事业时，要取长补短，对优秀之处继承和发扬，短处努力去克服。研究汉字时，不仅要将汉字放在中国文化的宏观背景下来考察，也要注意字形的变迁，要有地域、时间观念。

中国传统文化是由不同地域、时代的文化构成的一个大整体、大系统。因地域、时代等的不同，文化特色也各不相同，但是拥有很多相似之处，尤其是文化特征和精神的一致性。中国文化的一个重要因素是汉字，它包容着不同区域、时代的文字。人们在不同的区域、时代能创造出很多汉字。

研究特定时地的汉字时，要全面、系统地了解相应时地的文化背景。文化可以分为精神文化、制度文化、物质文化三部分，文化心理可以分为深层结构、中层结构、表层结构。要把握住基本的文化特征和精神，就要进行全面的领悟，并在此基础上对所要研究的汉字相应的文化要素的状况进行准确、深入的把握。

三、在社会背景、文化背景中对汉字的研究

（一）在社会背景中研究汉字

无论何种文化均为社会文化，会伴随社会的产生而产生，伴随社会的发展而发展。所以，不可脱离社会单独对文化这一问题进行研究，应将两者相互关联，在它们的交互作用中对这一问题进行深入的探索和讨论。如果要把汉字问题理清楚，就要全方位地把社会对其所造成的制约和影响考察清楚。诸多文字现象若是不考虑社会因素，则不能从科学的角度进行阐释。

1. 社会需要的发展决定着汉字性质的嬗变

诸多古老的文字体系都是从图画文字这个发展阶段经历过来的。这一文字的形成"因为小的、分散的氏族集团变成较大的、稳定的部落集团，以及由于部落集团内部和部落集团彼此之间产生了生产的、贸易交换的、军事的和其他方面的联系所引起的"。①起初，汉字体系或许也经历了这个阶段。图画文字并不是很完善，只是把简单的事情记录了下来，并对这样的记录采用多种方法进行了解释。

伴随社会的发展，形成了国家。自国家诞生之后，急需完整的文字体系。因为它需要通过文字的形式去管理，从事宗教祭祀活动，登记国家财产，并把历史和法律事件记录下来等。与此需求的产生相伴，将图画文字的图形分解为多个图画符号，此符号在形式和意义上逐渐趋于稳定，所有的符号都开始表达单个成词语素。如此一来，相对完善的表词文字体系便出现了。

在夏商之际，汉字完整的文字体系形成了。相较于图画文字，表词文字可以精准地把语言反映出来。不仅表达语言内容，同时

---

① ［苏］伊斯特林.文字的产生和发展[M].北京：北京大学出版社，1989：544.

语言中的词和词的句法次序也表达了出来。因为语言中词的数量非常有限，并具有稳定的表词文字，且成系统，这种文字能够确保书写复杂的著作。相较于拼音文字，表词文字也有优势，其容量较大，同语音的联系也较少，并且有着各民族和方言之间通用的性质。

伴随社会的发展，使用文字的人数也呈递增趋势，从而扩大了文字使用范围，这样一来，需要对汉字进行简化。同时，伴随汉语词的双音节化，诸多单音节词成为双音节词的词素。如此，起初记录音节词的字则成了表示词素的文字。词素文字相较于表词文字而言，减少了对不同符号的需求数量，这是因为语言中，词素的数量少于词的数量。

2. 国家的分裂和统一对文字的影响

甲骨文的异形分歧非常明显，例如"车"字便有很多写法。但是到了西周中晚期之后，铜器铭文中的文字则比较整齐，这是因为西周王权的强大、国家的统一，国家机器控制了文字。

春秋之后，直至战国，国家开始分裂，进而七雄对峙的局面出现了。由于国家的分裂，战国时代"言语异声，文字异形"。对战国文字有所了解的人都清楚，楚系、秦系、三晋、齐系以及燕文字等，都有着鲜明的地域性。其中，燕文字工整而流于呆板，笔画僵硬，多用方折；齐系文字体式修长，笔画匀整，喜用繁饰；三晋文字的字体端庄整饬，用笔细腻纤巧。楚系文字以长沙帛书和仰天湖简为代表，具有婉转流畅的笔势、纵横恣肆、疏阔遒劲的风格，横画多作昂起的圆弧形。虽然秦系文字有用笔刚劲的作品，但是，字体萎靡、笔画屈曲柔弱之作比较多见。以上所叙述的五系文字各具特色，即便是同一地区的不同手书也各有特色。

秦始皇统一天下后，为了维护好整个国家，实施了重要的一项措施——"书同文字"，其包括下列几方面：

（1）固定偏旁写法。六国文字的偏旁变化很大，同一偏旁符号的写法多种多样。通常，小篆的偏旁只有一种写法。偏旁写法固定之后，也就把汉字定型的基础明确了下来。

（2）确定偏旁的位置。书写六国文字，偏旁不固定，可左右、上下移动。小篆则把偏旁的位置确定了下来，不可随意移动，同时，也为汉字结构的定型创造了有利条件。

（3）统一书写笔画。之前的文字由于没有固定的结构，书写起来比较繁简不一。到了小篆，则确定了字的笔画以及笔画间的组合方式。

（4）废除异体异构。之前的文字经常因为更换偏旁、不同的结构方式或地域的分歧，出现诸多同字异体的现象。小篆则确立一种字体为正体，把其他的异体都废除了，进而使汉字做到了同字一形。

六国文字异形的历史通过秦代的书同文字结束了，为汉字系统的最后定型奠定了基础。

由此可见，汉字会因为国家的统一、分裂而受到一定的影响。

（二）在文化背景中研究汉字

中国文化的重要特征是调和持中，对人们处理以下矛盾起到一定的制约作用，也就是临近跨入文明门槛时，人类所面临的由人与自然的对象性关系进而引发的心灵的深刻矛盾。汉人对这一矛盾进行处理时，并非走极端，而是"执其中"。传统的基本人生态度是非积极的、消极的，而是于入世中求出世的。基于此，希腊人那种征服自然的精神，汉人基本上没有，同时，也很少陷入印度式的出世玄想。由基本人生态度所体现出来的中庸精神，也为许多文化现象所具有。如：古人认为，好的音乐应是"中声"，即"直而不倨，曲而不屈；迩而不逼，远而不携；迁而不淫，复而不厌；哀而不愁，乐而不荒；用而不匮，广而不宣；施而不费，取而不贪；处而不底，行而不流。"；好的政治应是"和政"，也就是"宽以济猛，猛以济宽"；君子不应该"不及"，同时，也不应该"过"，"质胜文则野，文胜质则史"，要"温柔敦厚而不愚"，要"文质彬彬"，要"中庸"，等等。

汉字也有着中庸精神。从汉字的基本结构形式来看，是一形一声的形声字。这种字是调和取中的，既有意化，同时也有音化。汉字发展演化的趋势将中庸精神体现了出来，从一个书写单元来看，一方面具有汉字字符的简化，另一方面也具有汉字整体的繁化，即它是逐渐简明的。由此可以看出，我们要认清楚汉字所具备的基本文化精神，这对于探索汉字结构及规律意义重大。

汉字处于中国文化大系统之中，把中国文化的基本精神和特征体现了出来，与此同时，还受到其他层次的文化，尤其心理层面文化的制约和影响。在考察汉字时，我们要独立研究汉字的本身，与此同时，其他层次的文化对汉字所造成的影响我们也要多加注意。这样一来，便可以正确把握汉字的规律，同时，汉字规律的文化根源也能清楚地阐释出来。

四、在民族生态环境中对汉字的研究

在汉字创造初期，很大程度上，汉字受到自然环境的影响，古汉字中有很多是法之于自然的。创造汉字时，人们所处环境对汉字的形体造成了深刻的影响。不单单是汉字，其他多种古老的象形文字也是如此。如古代苏美尔文字的图形便受到自然因素的影响，这种文字的图形，把公元前4000年代中期美索不达米亚的自然景观精准再现了出来。汉字的字形作为一种表象符号，把创造汉字时人们所处的自然环境映现了出来。

夏代和夏商之际创造了很多古文字。那个时期的自然环境与现在差异非常大，那时气候炎热，黄河的中下游多是湖泊。其中位于现今山东的巨野、菏泽，河北南部的大陆泽，河南境内的荥泽、圃田、孟诸等均是著名的大湖，周围的土地肥沃，有着密集的动植物，湖中布满水草、鱼虾，可谓是生机勃勃。人们在夏商时代，基于这样的自然生态环境，创造出了诸多汉字。而且，他们创造的汉字，把当时人们观察到的自然景物都再现了出来。

自然环境对汉字的构形起到一定的制约作用，同时，也给汉字造成了间接的影响，然而，这种影响尤为重要。自然生态环境通过对汉民族文化的基本精神和价值取向的影响进而对汉字也造成了一定的影响，让其具备独特的文化特征。

在一定程度上，一个民族的文化类型取决于特定的自然生态环境。文化类型指的是各种文化体最本质的特征，集中体现在价值体系和文化精神方面。汉语与其他文化现象相同，把我们民族文化的基本精神和本质特征体现了出来，若是想要将汉字体现的这种特征和精神弄清楚，就需要对中华民族所处的自然生态环境进行认真的分析。

第三章　汉语词汇及其文化内涵

第一节 汉语词汇概述

《中国大百科全书·语言文字》说:"汉语词汇(Chineselexicon)是汉语里词的总汇,即所有的词的集合体,其中也包括性质和作用相当于词的固定词组(如成语)。汉语的某个历史断代、某个地域方言或社会方言(如行业语)的词语的结合体也使用词汇这个名称,如先秦、广州话以及水手词汇;某种特殊类别或某种作品的词语的结合体也可称为词汇,如:口语词汇,《红楼梦》词汇。"[1] 广义的汉语词汇通过上述可以看出,这样的汉语词汇不容易形成系统。狭义的汉语词汇指某个特定历史时期的汉语民族共同语的词汇,是由相互联系、相互对立的词组成的网络。

一、汉语词汇的稳定性

汉语词汇的稳定性非常高,其核心部分几千年来基本上是一贯的。例如:十、九、八、七、六、五、四、三、二、一;生、老、病、死;金、木、水、火、土;鼠、鸭、鹅、鸡、猪、羊、牛、马;东、南、西、北、中;春、夏、秋、冬;尺、丈、寸;日、月、天、地、田;山、河、湖、海;云、霞、光;人、手、头;等等。

汉语词汇并非封闭的,它是在与其他语言的交流过程中演变、发展、丰富的。由于受到北方少数民族的挤压,汉族人多次南下,并在南下之后与当地居民进行融合的过程中吸收了很多他们的词汇(主要是南岛语系的语言)。也就是说,南岛语系语言对汉语的南方方言造成了一定的影响,将诸多南岛语系语言的词汇进行

---

① 中国大百科全书总编辑委员会.中国大百科全书语言文字[M].北京:中国大百科全书出版社,2002:133.

了吸取保存，如"河流"，汉语称之为"水""川"等。之后，我国南方称之为"江"，北方则称之为"河"。"江"为南岛语系语言的词，"河"为阿尔泰语系语言的词。

汉语词汇并非随意堆积的，因为随意堆积物不具备高度稳定性。即使汉语词汇中一直都融有其他词汇，不是纯一的，如北方的阿尔泰语系语言的词汇和南方南岛语系语言的词汇。但是汉语词汇有自己的系统，诚然，这主要指的是基本词汇，通常一般词汇具有异质性和非系统性。汉语词汇是高度稳定性、高度统一性以及复杂多变、杂质异质兼容的有效融合，是系统性与非系统性的统一。汉语词汇一直都处于变化之中，汉语词汇的生命也是不断变化的，但汉语的变迁中有不变的东西。汉语词汇是变和不变的统一体。

汉语词汇是丰富复杂的汉文化的反映与结晶，也是汉文化的传播手段。在汉语词汇的研究中，汉文化的阴阳、五行、中庸等观念是重要的参考框架。

二、汉语词汇的简易性

汉语词汇具有简易性。这是因为基本单位是单音节，造词灵活，基本上任何两个单音节联系出现，都会形成新的意义单位。回文修辞格和回文文本便是最好的案例。

"落花闲院春衫薄，薄衫春院闲花落。迟日恨依依，依依恨日迟。梦回莺舌弄，弄舌莺回梦。邮便问人羞，羞人问便邮。"出自苏轼的《菩萨蛮》，其中，单句和双句所用的全部是相同的汉字，但结果却是不同的词。

"莺啼岸柳弄春晴，晓月明。"出自明代蒋一葵（一说清代才女吴绛雪）的《咏春》，仅有10个汉字，但是，顺读、叠读、倒读，便是一首七言绝句：

莺啼岸柳弄春晴，柳弄春晴晓月明。

明月晓晴春弄柳，晴春弄柳岸啼莺。

这些汉字正序、逆序都能成词，如"莺啼、啼莺、月明、明月、春晴、晴春"等。

三、汉语词汇的自我调节功能

汉语并非孤立存在的，而是与其他语言相互影响进而演变发展着。古代汉语北方同阿尔泰语系的语言、南方同南岛语系的语言相互影响。北方曾经出现过很多其他民族所建立的国家政权，但是，汉语一直都保持着自己的词汇，也可以说汉语的词汇系统比较稳定，具有自我调节的功能。这一功能是基于汉语词汇的巨大潜性词汇之上的，此功能的重要保证是汉字。汉语词汇所具备的转化机制是汉语词汇应对外语词汇入侵的重要工具，为了有效防止在巨大数量的外语词汇的冲击下崩溃，同时也将外语词汇成分大胆吸收。在音译词和意译词的竞争中，首先，音译词逐渐被意译词所取代；其次，对音译词进行改造，让其慢慢向汉语词汇化，汉语词汇在这一过程中将逐渐丰富和发展。

四、汉语词汇的特色

（一）汉语词汇是汉文化的产物

汉文化博大精深，历史源远流长，结构相对稳定，拥有非常强的包容性，并扩散到周边地区。汉语词汇是在吸收其他语言的词汇过程中发展而成，具有丰富性和稳定性，并同样扩散到周边地区。

（二）汉语的构词法是简单的、灵活多样的

从理论角度而言，两个实义语素组合成一个新词，将其顺序对换，也能成为词语。如牛奶 – 奶牛、肉鸡 – 鸡肉、水酒 – 酒水、饭盒 – 盒饭、汤面 – 面汤、工人 – 人工等。

相同的组合，结构不同就是不同的词。如下手、上手、出口、进口等，都可以有动宾和偏正两种结构。如"我国的出口产品质

量一天比一天好。""进口的东西并不一定就比国货好。""从进口进来，从出口出去。"

（三）汉语的造句法、造词法和短语构造法是基本一致的

以"心"为例：

主谓结构：心传、心烦、心平、心广、心虚、心碎、心醉、心慌、心痒、心狠、心痛、心酸、心爱、心悸、心急、心服等。

偏正结构：玩心、疑心、文心、素心、锦心、琴心、信心、花心、外心、二心、决心、忠心、热心、童心、善心、黑心、好心、红心、芳心、佛心、丹心、奸心、禅心、诚心、春心、赤心等。

支配结构：省心、尽心、灰心、惊心、费心、定心、倾心、灰心、换心、劳心、伤心、揪心、烦心、焦心、交心、攻心、收心、治心、回心、扪心、知心、委心、变心、无心、有心、宽心、小心、放心、用心等。

由"心"所构成的成语有三心二意、全心全意、一心一意、推心置腹、问心无愧、心有余悸、心花怒放、心胸开阔、心直口快、心平气和、心安理得、心怀叵测、心狠手辣、心甘情愿、心服口服、心地善良等。

五、汉语词汇的优势

（一）汉语词汇的有序性

在学习数学方面，与说其他语言的儿童相比较，说汉语的儿童更容易掌握，这是为什么？这一切其实要归功于汉语。赵元任曾说道："我曾注意到中国小孩比其他国家同年龄的孩子更容易学会乘法表。汉语乘至八十一的九九歌可以既快又清楚地在三十秒内说完。"汉语数词秩序井然，简明对称，"九九归一"等数学口诀，听着悦耳，说着简单，方便儿童记忆。这是汉语词汇拥有的有序性，其他语言的数词难以望其项背。

对于学习新的词汇而言，汉语的有序性提供了极大的便利，说汉语的人会事半功倍。其原因是很多词在学习和掌握一定数量的基本词汇之后，不需要查阅词典或教师讲解，也能在文本、话语中其义自见。

（二）汉语词汇具有见词明义性

汉语词汇的见词明义性，不仅仅是因为汉语词汇具有有序性，而且是因为汉语词汇的载体是象形的表意汉字，汉语的词是形音义的统一体。汉语的词的书写形式负载着一定的词义。阅读汉字需要大脑的左右两个半球同时工作，汉字给予汉语词汇的优势是拼音文字所无法相比的。

见词明义性在汉语习得时，扩大词汇量比较轻松，这可以说是汉语词汇习得时半自动式的习得。见词明义性使得说汉语的中学生能够快速阅读大部头的长篇小说。

（三）汉语词汇的对称性

汉语修辞格中，最重要的一种修辞格是对偶。同样，在汉语中最重要的写作方法也是对偶手法。中国的特色文化之一是对联和骈体文，如汉语中严格的对偶，在印欧语系的各种语言中很难出现。汉语对偶句阅读时，视觉空间位置相等；朗读时，时间流大致相等。因为，汉语是音节分明的语言，词在空间位置和时间流上是相等的。这就是汉语词的对称性。

汉民族的主要心理特征之一是追求对称。词义和词形两个方面都追求对称性，汉语词汇对称性的展现是成双成对的对义词。如明暗、黑白、美丑、左右、上下、阴晴、城乡、君臣、母女、父子、夫妻、男女、乾坤、阴阳等。

（四）汉语词汇的造词简易灵活性

汉语拥有强大生命力的基础是造词简易灵活性。汉语之所以能逐渐丰富，推陈出新，让越来越多的人认可和使用，就是因为其简易灵活性。在《几何原本杂议》中，徐光启说道："（此书）有三至、三能：似至晦实至明，故能以其明明他物之至晦；似至繁实至简，故能以其简简他物之至繁；似至难实至易，故能以其易易他物之至难。易生于简，简生于明，综其妙在明而已。"[①]对汉语词汇而言，这"三至、三能"也是适用的。

第二节　词汇的发展与演变

语言作为一种社会交际工具，是不断运动和变化的。基于这种动态运动中，词汇的变化最频繁、最敏感、最迅捷，这是因为词汇直接将社会生活反映了出来。在我国社会急剧变革和进步的背景下，逐渐增加了汉语词语中的新词语，旧词语逐渐消失，同时，词义也有所变化。

一、汉语词汇发展和演变的原因

客观来说，无论哪一门语言，在发展的时候都是不断变化的。词汇的发展变化与语言的发展演变相同，一方面有其自身内部的因素和规律，另一方面也受到外部因素的制约与影响。

（一）汉语词汇自身发展的需求

语言系统中非常重要的子系统是词汇，现代汉语词汇的内部系统由语法因素、语义因素、语音因素构成。随着现代社会的迅速发展，社会生活变得越来越复杂，日益增加的交际需求和语音形式的有限性必然会产生矛盾。这种矛盾是发展和更新现代汉语词汇系统的内在动力，以促进现代汉语词汇不断向前发展。如社会交往需求的日益复杂使词义增加的速度远超于词形变化的速度，

---

① 袁小明.中国古代数学史略[M].石家庄：河北科学技术出版社，1992：127.

这必然会造成单音节词词义不断引申成为多义词。汉语词法与句法的一致性是语法因素的表现，这使短语和略语转化为词。

（二）外部因素的影响

除了词汇内部系统自身发展的需要，现代汉语词汇的发展与演变和一系列外部因素的联系也非常紧密。简单来说，存在的这些外部因素对现代汉语词汇的发展起到一定的推动作用，这些外部因素包含的内容如下。

1. 社会的发展变化

语言伴随社会的发展而发展，然而，语言发展在词汇上体现最为明显，社会发展会对词汇的发展造成一定的影响，在词汇的变化中映射出了社会的变化。可以这样说，通常，基于一个时期的词汇能够将这一时期的社会生活面貌反映出来。如改革开放之后，我国把"科技兴国"的战略方针进行了明确，把国外的先进科学技术引入国内，与此同时，鼓励科研人员展开科学研究，创新科技成果。新科技的出现肯定会随之出现诸多科技新词，如"蓝色经济区""细颗粒物""三网融合""三维打印""互联网经济""云计算"等。

现如今，我国基于全球一体化的宏观背景下，与世界联系更加紧密，反映在语言上便是逐渐增加外来词和字母词数量。最近几年，汉语中字母词的数量迅速激增，由此可以看出，我国逐渐加快了与国际接轨的步伐，并提升了国际化程度。

2. 人类认识的发展

伴随人类不断提升的认识能力，使得人在认识客观世界上进一步深化，并对新词语的产生、旧词语的消亡和词义的发展演变起到一定的促进作用。当社会生活当中有新概念和新事物出现，而之前的词汇又无法对这些新出现的概念和事物进行表达解析时，人们便会创造出与之相对应的新词语。观念上的改变会让旧词消亡，从而出现新词，以及在词义上会有所变化。如"拙荆""糟糠"等词之前用来称呼妻子，借此也把男尊女卑的封建观念反映了出来，但是，伴随男女平等观念的植入，这些词便不再应用；从老妈子—保姆—家政服务员、厨子—厨师、猪倌—饲养员的变化看出，人们正慢慢改变对行业的态度。

3. 语言系统的内部原因

依据客观需求，语言系统内部进行自我调整，从而带动一部分词汇的发展变化是词汇发展变化的内因。语言的交际能力会随着社会的发展而有更高的要求，但是，若无法满足这一需求的时候，某个词汇要素就会有所变化。同时，这种变化在一定程度上会破坏其他部分的平衡，因此，在各部分之间会建立起一种新的平衡关系。如"江"最早特指"长江"，后来词义扩大为"大河的统称"，此变化所带来的问题为特指"长江"时怎么称呼？之后出现词汇——"长江"。而"江"扩大后的词义又通过与其相应的词素构成了如"金沙江""扬子江""珠江""黑龙江"等下位词。词汇系统的这种自我调适能力，确保了词汇系统不会因一个要素的改变而瓦解，确保了词义与词义、词与词之间的协同关系，使其能够保持稳定和有序。词汇因矛盾的不断出现和不断解决会持续发展和变化。

二、汉语词汇发展演变的形式

（一）新词的产生

产生新词语是一种正常的社会现象，持续递增的新词数量是词汇发展的普遍规律。从古汉语到现代汉语，汉语词汇得到进一步丰富和发展，词汇数量明显增多。产生新词的途径也有很多方面：

1. 新事物产生新词

出现的新思潮和新事物，都需要有相应的词对其进行表达，通常，表达新思潮和新事物的词都会通过新的形式出现，即新造词。如 20 世纪 90 年代，国际互联网得到发展，进而出现了诸多新语词：互联网、因特网、内联网、外联网，从而衍生出网吧、网虫、网页、网民、网址，以及相关的 CPU、芯片、鼠标、硬件、软件等。

2. 已有事物产生新词

存在反映某种事物的概念，但是这一概念词的形式不同，即概念更换名称了，如"放心肉""猫儿腻""月光族"等。

3. 词义演变产生新词

词义在演变中增加了义项，为了方便区分，通常会用像"粉丝""平板""菜单""控"等新词表示其中的一个义项。

4. 词组凝固成词或简缩成词

有些出现的词不单是受到新观念或者新事物的影响，或者词义的变化，而是因为几个时常搭配的词组成的词组通过长时间的配合，渐渐地凝固成一个词，因此出现了新词，如古代时常在一起的"一扉曰户，两扉曰门"，便出现了"门户"这一新词；又如"日夜""始终""变革""宝贵""久远""国家""道路"等词的形成都是如此。不是只有联合结构的词组才可以构成词，偏正、动宾以及主谓结构等形式的词组都能凝固成词，如"得罪""如意""日食""本钱""夜市"等。

（二）旧词的消亡

1. 旧事物的消亡

旧词不会随着旧事物的灭亡而消失，比如"保长""租界""宪兵""童养媳""姨太太""书童""丫鬟""乡试""巡抚"等。如"皇帝""私塾""恐龙""奴隶"等类似于这样的旧词汇在现代汉语中还有很多，它们有的增添了新义项，有的用作修辞，有的是科研重点。不是消亡的旧词代表的事物都灭亡了，而是很多其他因素导致的，例如名称、社会心理、词汇的改变以及对词汇系统进行调整。

2. 事物名称的改变

如"医工"被"医生"所取代；"寝"被"睡觉"所取代；"惧"被"害怕"所取代；"兴"被"兴建""百废待兴"所取代；"观"被"观赏""观看"所取代；"目"被"眼睛""眼"所取代；"工资"被"薪水"所取代，等等。这中间诸多词的"消亡"，其实只是把作为词的功能和性质失去了，但是，依旧作为语素在现代汉语中保存，如"足球、练习、目光、观看"中的"足、习、目、观"等。

3. 社会交际需求的改变

人们在上古时期，非常细致地对牲畜业进行了区分，我们以"牛"来举例。当时在汉语中，如"牯"（母牛）、"特"（公牛）等有诸多可以表示牛的名称。之后在人们的生活中，畜牧业的作用和地位逐渐下降，导致这些名称被概括和简化，进而多种样式的牛都统一用"牛"指称，之前的词也慢慢灭亡。如"特"这种极个别的词，虽然目前还在使用，但是含义都发生了巨大的变化。

4. 认识的发展

然而，有些词汇因为代表不平等的观念进而被现代词汇系统所丢弃，如"伙夫""长官""老妈子""邮差"等。

5. 词汇系统的调整与规范

诸多等义词是这样发展的，一对等义词调整规范的结果，大部分是保留一个，淘汰另一个。除此之外，诸多带有外语色彩的词，通常在规范和约定俗成中慢慢灭亡。如我们目前经常提及的词语——"煤气""电话"，丢弃了"德律风""瓦斯"等词语；还比如"青霉素""连衣裙""话筒"等是我们现在经常使用的，然而对"盘尼西林""布拉吉""麦克风"等词基本不用或者只有在特殊情况下才会使用，就发展情况而言，这些词会慢慢消亡。

（三）词义的发展演变

词义会伴随社会的发展而出现变化，词义演变是由一个意义分化出另一个或几个意义。

多义词的几个意义，其产生情况有着先后之分。若对比一个词原有的以及之后的意义得出，词义的指称范围就发生了改变，其主要情况如下。

1. 词义的扩大

其指的是词义所概括的事物现象范围从小到大的变化，原义的范围小，后义基于原义之上扩大了指称范围。① 抑或是从特指转为泛指，从部分变为整体，从个别转为一般。词义变化中，词义扩大是最常见的情况。如：

收获：原本专指农业收成，现在指所有通过行为所获得的。

下课：原本指上课时间结束了，现在指辞职或被撤换。

2. 词义的缩小

其是指词义概括的事物现象范围逐渐变小，原义的范围大，后义相比原义有所减小。如：

勾当：原来有两种含义，即"办事""事情"，现在只有一种含义，即"事情"，而且指的是不好的事情。

丈人：古代对年长人的统称，现在特指岳父。

3. 词义的转移

其是指词义从指称某一事物现象转为指称另外事物现象，范围也有所改变，从表示甲转为表示乙。如：

事：原指官职、职务，之后指事情。

行李：原指来往于两国的使者，现在指出门所携带的箱子和提包等。

---

① 　石静.试谈有关词义扩大的几个问题兼谈词义扩大的界定 [J].山东商业职业技术学院学报，2009（5）：91-95.

词义的转移不代表本义会消失，有的词义转移后本义便不存在了，有的是两者并存。但是，就它们指称的对象而言，词义的转移非常显著，如"泰斗"，原义为泰山、北斗，现在多数指成就卓越、德高望重的人，本义被比喻义所取代。"墨水"原义指书写时所用的多种颜色的水，转义指学问，两者并存。诚然，除了词的理性义有所演变之外，词的色彩义也有所演变。对其发展演变情况进行了解，能够对现代汉语中词语的含义有更深层次的理解。

词义出现变化是由多种因素造成的，但是，最主要的是伴随社会的发展，人们在认识客观事物现象上有所提升和深化，并在反映其词义上也有所改变。除此之外，因为表达的需要进而使得语言内容需要调整，通常一些词义也会有所变化。

三、词汇的规范化

其指的是词语的形、音、义的标准化，以及词汇成分的纯洁化，进而将混乱消除了，让汉语词汇朝着健康和纯洁的方向发展。词汇伴随社会的发展变化也随之变化。相对而言，像"武工队、丫鬟"等标志旧观念和旧事物的词语，以及由于政治经济的需求而出现的词语，会逐渐消失于平时生活当中。然而，却不断涌现出新事物，人们也不断加深了对事物的认识，随之出现新的词语。尤其改革开放之后，加之网络技术的提升，汉语中时尚的词语不断增多，这样多种词汇互相影响，关系复杂，所以，现代汉语中，对词汇规范化较为重视。简言之，现代汉语的词汇规范化对强化民族经济、政治、文化的统一起到一定的帮助作用，使汉语在社会中的地位体现了出来，能更好地与国际交流。

现代汉语词汇规范化工作中最突出的是对词语既有规范的维护和规范普通话从方言词、古语词或其他语言新吸收进来的成分这两个问题。简言之，对词语既有规范进行维护，主要是正确使用原本规范的词语；在规范普通话从方言词、古语词或其他语言新吸收进来的成分时，以下三个原则需要注意：第一，必要性，要思考一个词在普通话中是否有必要存在，在表达方面是否妥当；第二，普遍性，也就是约定俗成的原则，选择人们都普遍应用的；第三，明确性，选择词语要慎重，吸收人们便于理解、具有明确含义的词语。以上三个原则并非孤立的，而是互相联系，需要综合应用在词汇规范化工作当中。

（一）不乱造词语

伴随社会的发展，出现了一些新事物或新现象，因此，需要用相应的新词语去表现新的事物和现象。但是，在新词的创造上需要符合社会表达需求，以及构词规律，不可只为表达而随意造词，这样大众是无法接受的。若是随意将几个词素拼凑在一起形成新的词语，或者随意改动词语生造出新的词语，这样创造出来的新词通常表意会比较模糊晦涩，不易理解，如将词语"葱郁茂盛"硬拼凑为"葱茂"，没有明确的意义，并且也没有任何特殊的表现力，所以人们无法接受。

（二）不随意缩略词语

语言伴随社会的发展而发展，在实践中，人们总喜欢对复杂的语言成分进行缩略，进而构成缩略语，如此表达既简明经济又快捷。对于缩略词语方面，我们应该坚持普遍性和约定俗成的原则，对其进行规范，让其健康发展。

（三）不滥用方言词

普通话词汇基于北方方言，但是，为了表达上的需求，把其他方言中通行范围广、富有较强生命力、表意新颖、具有特殊意义的词也都吸收了进来，同时，还把其他方言中如"扯皮、别扭、垃圾、搞"或者如"牦牛、青稞、荔枝、剑麻"等标志特殊事物的词也都进行了吸收，使普通话词汇进一步丰富了。但是，有些词汇在基础方言和其他方言中都有，即词形相同，意义不同。如"面"，北京话指的是面条或者面粉，吴方言则单指面条。还有些如"苞米、苞谷、棒子、老玉米、玉米"等词异名同实，意义相同的词，也要依据普遍性原则，使用通行地域广的"玉米"，不可随心随意使用。规范方言词，不是对所有没有被普通话所接受的方言词都持否认的态度，尤其在文艺作品中，为了把人物特点和地方特色体现出来，人们在对话中可以适当地使用一些方言，让文字更显生动、真实。如：

她回过头来，眨了眨眼睛，用上海话说："告诉侬，阿拉是上海人。"

这一例句中使用了"侬"（你）、"阿拉"（我），把说话人的籍贯以及开朗的性格体现了出来，表达作用非常特殊。但是，类似于例句中的方言词我们在写作中切不可乱用，否则不但不会提高语言的表现力，反而会对现代汉语词汇的规范化带来不利的影响。

（四）不滥用古语词

宝贵的古代文化遗产给我们留下了丰富的古代词语，把具有丰富表现力和生命力的古语词吸收过来，能够强化语言的表达作用，因此我们要好好学习，但是切不可随意应用。第一，生命力不足的古语词不能使用；第二，即便古语词具有生命力，但是，在使用的时候也要注意是否与语言环境、特定的语体风格以及所表达的内容相符。

（五）不滥用外来词

可以通过对外来词汇的吸收丰富我们的词汇。伴随社会的发展和改革开放之后不断增多的对外交往，有些时候，新概念、新现象、新事物用现有的汉语词不易表示，所以，很有必要适当地使用外来词，但是，若对外来词不加约束随意使用，也会不利于汉语的纯洁性。因此，既要吸收外来词，同时也要对其进行规范。第一，吸收过来的外来词，尽可能用更接近汉民族的语言习惯来将其表述，如应该用"卡车"，而不是用"卡"；第二，汉语中有合适的现成词，便无须再使用外来词，如日语中的"空色"在汉语中已经有了词汇"天蓝色"，因此无须再使用"空色"；第三，外来词的汉字书写形式要进行统一，如应写"迪斯科"，而不写"迪士科"；第四，在同一事物的表达上，有意译词和音译词的时候，尽量使用意译词，这是因为意译词是根据汉语的构词方式形成的，便于理解，因此，有了词汇"动画片"，就无须再使用"卡通"了。

第三节　汉语词汇的文化特征

语言把一个民族的文化、历史、社会以及思维特征都反映了出来。作为语言建筑材料的词汇，势必是一个民族认识世界的产物。无论哪种语言词汇，都会印上这种民族语言的历史、文化、社会以及思维。所以，对任何一种语言的词汇进行学习和研究，其文化特征都不可忽视。通常，词汇可作为一个民族的文化镜像。从汉语词汇上来说，我们对它进行学习和研究，能使其把展示的汉文化特征体现出来。

一、汉语词汇的多维形象性

相较于其他语言来说，汉语词汇的形象性引人注目，通常表现在形容词、动词、名词上，如湖绿、杏黄、敲边鼓、吞食、驼背、龙眼等，而且表现在量词一缕烟、一头蒜、一尾鱼中的"缕""头""尾"上。它们的特点是用其他事物的色彩、形象或相似点去指称事物。另外用"以声象意"的方法所创造出来的词，如"骨碌""布谷""牛""雀""鸦"等，也是词汇形象性的表现之一。此处要将多义词的比喻义和形象词的不同进行区分。词的比喻义是一个词有些时候具备比喻用法，之后进行固定，形成比喻义，即为词义的发展。人或动物的视觉器官称之为"眼"，然而，"眼"指的是围棋白子或黑子中间的空儿，所以"眼"就是比喻义的用法。此处我们探究的比喻词是指用比喻的方法所创造的恶词，本义便具有比喻性，如炒冷饭、心腹、佛手等。"炒冷饭"作为动宾词组进行使用有具体含义，但是，若凝固成一个词的时候，则指对之前人们熟悉的事物过程的重复，属于形象词，本义具备比喻性。

形象词在汉语中占大部分，这与汉族的思维倾向和生活环境关系密切。汉民族发源于黄河流域，其首要的要义便是求得生存。汉民族的理性有着很强的用性，人们称之为实用理性。其思维方式倾向于形象性、具体性、整体性，这样的思维倾向对发展艺术起到一定的帮助作用。例如我国的古典诗词，用词造句上色彩绚丽，然而，其主要表达的含义朦胧地隐含于形象中，可谓是风流蕴藉，绘声绘色。这样的思维习惯与艺术气质体现在语言的词汇上，这样一来，便造成了汉语词汇突出的形象性。

二、汉语词汇中的文化特征

（一）上尊下卑的封建等级观

"君君臣臣父父子子"的封建等级制度和上尊下卑的观念是孔孟之道所强调的，在汉语的并列结构词语中反映了出来，一直都是尊在前、卑在后，例如，干群、夫妇、父子、君臣、帝后、天地、上下等。在公共场合讲话的时候，一般都会说"同志们""父老乡亲们""各位同学""各位代表"等。若是将"男女同工同酬""男女有别"按照西方的方式去说，即"女男同工同酬""女男有别"，则听上去特别不舒服。

（二）热衷吉祥词语，避讳不吉利词语

现如今，一些习俗在私营工商业和个体户当中有所延续。过年的时候，农村中的人们在空锅中摆一块豆腐，并插一朵小纸花，以讨口彩："逗富（豆腐）"；喜欢倒贴"福"字，是为了讨孩子口彩："福倒（到）了"；年画的图案为"蝙蝠""鹿""鱼"，目的是谐"福""禄""余"之音，以讨吉利；吃年夜饭的时候，最后要把鱼留下来不能吃，意思是"年年有余"；"睡觉"要说成"挖窖子"，也就是说挖掘窖藏的一些金银，不能说"睡觉"；伞与"散"谐音，不能说，要说成"拢子"，避免散财；大部分情况下，结婚的时候吃枣，寓意"早（枣）生贵子"；一些商户都会在窗户上横贴"财"字，寓意"发横财"；汽车牌号、门牌、电话等都想要"8"字，这是因为"8"在广东话中与"发"字同音，取义"要发财"。而且中国人还会避免使用不吉利的话。在《红楼梦》中，贾府失火，仆人们便呼喊"走水了"！船家对"翻""沉"这类的用语是比较忌讳的，因此会改说成"转""漂"这类的话。还有人们对"死"字更是忌讳，不能随便说，因此改为"不在了""仙逝""老了"，并且与死人相关的棺材和衣服也称之为"寿材""寿衣"，还有些农村将寿材称之为"大元宝"。

（三）亲属称谓与社会称谓界限不明

中国人在同学、同事或者陌生人面前为了表示亲近，通常都用大嫂、大婶、大叔、大娘、大爷、老弟、老哥、大妹子、大姐等亲属称谓。这将中国人推崇血缘宗族关系的观念体现了出来。反之，有些是亲属关系的可用社会称谓表示尊卑，例如封建王朝时期，父亲是皇上，父子之间也要以君臣相称；妻子称自己的丈夫为"官人"。当代西方夫妻之间则相互称其姓名，表现了夫妻之间的平等。然而，当代中国在正式场合用社会称谓称丈夫为"先生"，称妻子为"太太"。

（四）用语习惯上群体观念压倒个体观念

西方人对自己的个性发展尤为重视，说话的时候经常会说"我认为""我想"。然而中国人却恰恰相反，分明是自己的意见，但是却在文章中写道"我们应该"或者"我们认为"。西方人写信的顺序是：先写对方的姓名——街道——城市——国家，而中国人却恰恰相反，写信的顺序是：先写国家——城市——街道——人。由此可以说明中国人有很强的群体归属感。

（五）中庸之道与"满招损，谦受益"的哲学

在汉语词汇中，"满招损，谦受益"的哲学，在道家的"不敢为天下先"的心理以及儒家的中庸思想中都有所体现，在谚语中有"人怕出名猪怕壮""出头的椽子先烂""枪打出头鸟"等，成语中也有"不求有功，但求无过""比上不足，比下有余"等。西方人经常不理解地问道："人出名有何不好？为何要怕？"中国人对于自己的作品和亲人为了表示谦虚，都喜欢自轻自贱一番，把自己称作"在下""小的""鄙人"，自己的府第为"寒舍"，丰盛的宴席为"便宴"，特备的茅台酒为"薄酒"，儿子为"犬子"，妻子为"拙荆""贱内"，作品为"拙作"。一般西方的主人会说道："我精心烹调的菜肴，味道非常好，您一定爱吃，请随意食用。"

（六）词汇的状况反映出汉民族生活的某些状态

有些学者指出，一个民族的语言中，越仔细地区分某种事物，表达的词便越多，由此说明这一事物在民族生活当中的重要性。在英语中，糍粑、蒸饭、炒饭、稀饭、米饭、糯米、粳米、大米、稻米、稻谷、水稻、籼米都用"Rice"表示，然而，在汉语中却用以上不同的词表示，由此可以看出，汉族生活中非常重视稻米。在一个民族语言中，用表示概念的词表示某种概念，由此说明在该民族生活中这一事物的重要性。此处补充一个"吃饭"的例子，

"饭"原意是米饭，是汉族人的主食之一，因其被频繁使用，故此人们用"吃饭"表示进餐。

（七）谚语是汉民族生活经验和智慧的结晶

"一年四季东风雨，唯有夏日东风晴"是地形西北高、东南低，地处北温带的中国人的生活经验。历史上，我国是农业大国，有着丰富的农谚，这些都是农民积累的生活经验。例如"蜻蜓成群绕天空，不过三日雨蒙蒙""芒种前后，夜当日走""烟囱不冒烟，一定是阴天""雷响惊蛰前，一个月不见天""三朝雾露发西风，若无西风雨不空""清明断雪，谷雨断霜"等。并且，"众人拾柴火焰高""三个臭皮匠，顶个诸葛亮""夫爱人者，人必从而爱之；利人者，人必从而利之；恶人者，人必从而恶之；害人者，人必从而害之""君子不镜于水，而镜于人。镜于水，见面之容；镜于人，则知吉与凶"等，都体现出了中华民族的智慧。还有例如"各人自扫门前雪，休管他人瓦上霜""好吃还是家常饭，好穿还是粗布衣""穷家难舍，热土难离"之类的，则反映了在自然经济下，小农们安土重迁，生活质量不高以及心理褊狭的情况。

（八）成语积淀着民族文化的语言瑰宝

我国成语有些源自历史故事或者一些作品中的寓言，如：刻舟求剑（《吕氏春秋》）、滥竽充数（《韩非子》）、与狐谋皮（《符子》）、草木皆兵（《晋书》）；有些源自古代典籍摘句，如：奴颜婢膝（《抱补子》）、土崩瓦解（《史记》）、出类拔萃（《孟子》）、吹毛求疵（《韩非子》）；还有些源自口语，如：虎头蛇尾、张冠李戴、藕断丝连、雪中送炭、锦上添花、南腔北调等。成语精练，含有很大的信息量，且表现力强，积累于汉民族长时间的语言实践中。

成语在音节上以四字格为绝对主流，中国人向来偏爱四字格，因为其有着鲜明的节奏，且读起来朗朗上口。成语的民族个性和气派也极为明显，是汉民族语言中的瑰宝。

三、汉语词汇所反映的民族文化

语言是思维的工具，人们用语言将自己的文化世界进行了记录。不同民族所使用的不同语言体现出来的民族独有的思维方式以及鲜明的文化特性也各不相同。[①] 任何语言都有独特的文化特点，所以，在一定程度上，词汇系统把民族文化属性反映了出来，即词汇的民族性。

（一）地名与民族文化

文化词汇的重要部分是地名，与此同时，地名也把民族的语言文化和地理历史，以及民族的道德观念与风俗习惯等体现了出来。语言学家重视研究地名。通常，地名的稳定性和延续性很强，变化很小，且世代相传，把其所反映的内涵较完整地保留了下来。所以，地名是人类文化史的活化石。

1. 地名与经济活动

诸多地名和古代社会经济活动息息相关，从中我们能看到以往社会经济活动的情况。例如北京的诸多胡同名和街名就与元明清时代当地的经济活动相关。如"羊胡同""羊市口""马道口""马甸""马市桥""骡马市""羊市大街"等诸多带有"羊""马"字的地名。这些地名的由来要追溯到元代，游牧民族入主中原，把畜牧业带动了起来，进而对北京的经济生活造成了一定的影响，同时也因此得名。还有一些反映老北京市场上的水产、瓷器、米、花、菜、灯、珠宝等商业交易活动的地名，如金鱼胡同、瓷器口、米市胡同、花市大街、菜市口、灯市口、珠宝市等。

---

① 施维.东西方语言与文化差异在交际语中的体现分析 [J].课程教育研究，2015（23）：129.

2. 地名与语言知识

地名学作为一种新兴学科，在一定程度上依托语言学，尤其是语言地理学、训诂学、方言学的发展。地名有自然的自身特点，它的发展对语言学的发展起到了一定的促进作用。地名是专有名词，起到传承民族文化以及标记地理位置的作用，具有一定的稳定性，如"拉萨"等藏语地名一直沿用并保留。诚然，这样的稳定性并非绝对的，众所周知，地名作为一种民族文化，势必会影响该民族的政治经济。所以，有些地名时常会发生变化，特别是社会较为动荡的时代。除此之外，人为因素也会影响地名的改变，这不同于普通名词，但其均为语言学研究的宝贵财富。

3. 地名与宗族法制

中国的地名把重礼制宗族的社会心态反映了出来。在我国古代社会，宗法观念根深蒂固，人们将家族的居住地看作是乐土。由于封建社会可以自给自足，通常同族同姓的人一同聚居，进而形成村落，自然用族人们的姓氏为村落命名。如很多从山东移民到东北的人们，居住在相似或者相同之地，故而形成独立的村落。如此一来，宗族制度也随之传了过去，村落的名称自然也以姓氏命名，如"李家湾""李家屯""李庄""李村"等以李姓为主，"张店"等则是以张姓命名。大部分的姓是由氏演变而来的，然而氏又是从"地"得来的。

因此，姓或者氏都与"地"联系甚密。地名用姓氏命名，同时也是宗法制度对人们观念产生影响的一种表现形式。

4. 地名与美好愿望

从地命中可以找到人们追求繁荣昌盛、太平安宁心态的线索。在我国的历史进程中，不乏人们生活在战火连连的时期，因此，人们渴望"太平安宁"。从全国各地的市名、县名、乡镇村的取名上来看，常用"顺""永""盛""富""吉""泰""康""明""禄""福寿""安宁""太平""和""昌""利"等字词。上述所列举的地名，把人们渴望幸福、祈求昌盛和吉利的良好愿望表现了出来。

5.地名与自然变化

在一定程度上，地名把我国植被的变化体现了出来。有些地名和自然植被有很大关系，并把植被的变化体现了出来，例如北京有松树沟、松树峪、黄松峪等。地名还把自然地理的发展状况记录了下来，并将自然历史变迁的足迹保留了下来，例如上海市有2900多条自然地理实体地名，其中以河流数量最多，有2600多条乡级以上河流名称，在总数中占比高达90%。上海市处于江南水网地区，在全市总面积中，水体面积约占12%，河流自北而南分属长江水系、吴淞江水系、黄浦江水系及杭州湾水系。上海在战国时期发现了"三江"等水域地名的记述。元明时代，水系格局出现很大的变化，吴淞江水系取代了黄浦江水系成为上海最大的水系。近代地理学发展之后，出现了很多自然地理分区名称，如地貌区、水文区、地形区等。自然地理实体的名称有很强的延续性，虽然有些地理实体湮没在经济开发中，但是却保存下了地理名称，例如市区的方滨、虹江、肇嘉滨等河流，虽然填滨筑路消亡了，但是，其名称用作了路名。

6.地名与图腾崇拜

图腾崇拜是人们精神活动的产物，同时，先人崇拜图腾的心理在地名中也有所体现。人们在远古时期，由于生产力较低，针对一些自然现象（风、雨、雷、电）便产生了恐惧和敬畏心理，将自然界的所有都视为神灵，为了生存和发展，便去祈求他们所谓的神灵。所以，每个氏族都有属于自己的守护神。人们所崇拜的图腾包含龙、凤、鱼、鹤、虎、蛇等，在地名中也体现了图腾文化。在远古时代，龙便是中国人所崇拜的图腾，并称自己为龙的传人，以"龙"字开头的地名收录于《中国历史地名大辞典》中的有255条，例如"龙丘""龙川""龙山""龙岩""龙泉""龙潭"等。"凤"指的是神话传说中的一种神鸟，象征吉祥，所以，像"凤县""凤阳"等这种地名中有很多带"凤"字的。

7. 地名与政治观念

地名把不同时代的社会政治观念体现了出来，同时也具备历史稳定性，沿袭下来的诸多地名发生了很大变化，这些变化体现出了不同时代的社会政治观念。

（二）姓名与民族文化

姓名和文化有很大关系。在史前社会时期，姓氏便具有图腾一般的魔力，人们都对其崇拜、尊重，人们渴望从中得到保障生产发展和子孙繁衍的神秘力量。之后，姓名的含义不单在于符号标记，还与人的品质有很大关系。民族所崇尚的、遵奉的、喜欢的都可从民族的姓名中看出，进而，民族文化的特点也可以被发现。

1. 姓名与审美情趣

醇如酒、美如画、妙如诗这种深邃、高雅的名字在日常交往中会让人印象深刻，并留下美好的印象。反之，庸名俗字则让人有种厌恶和不快之感，甚至会出现排斥心理。因此，中国人取名的时候，对审美情趣这一方面是尤为重视的，通常，会采用一些富有时代内涵和审美情趣的字作为名字。

2. 姓名与性别差异

就性别上来说，所有民族在命名上都或多或少有一定的区别。在我国阴阳传统文化中，男女二性的阴阳关系（男阳女阴）和特色得以确立。男性象征着力量、果断、坚强、锐利、阳刚；女性则应当具备慧巧、美丽、雅致、绵软、至柔的本质。因为对男女寄托着不同的期望，所以在男女性别上，汉语人名所赋予的含义也有一定的差别。根据性别的阴阳因素，通常，会选择"胜""飞""雄""岭""川""海""鹏""豹""虎"等带有阳刚性的字词为男性取名，而女孩则选择相对阴柔性的字词，如"菲""花""荷""玉""娜""珍""兰""美"等，以希望女孩可以具备高尚的品德，聪明、美丽。通常，女性人名的特点把封建社会所造成的男尊女卑以及汉民族对女性美的独特视角都体现了出来。

3. 姓名与族谱文化

姓+名两部分组成了人的称谓。姓氏在前，名字在后，由此可以看出姓的重要程度。姓在商周之前用来区分婚姻，因此有庶姓、异姓、同姓的说法。氏用来区分贵贱，贵者有氏，贫贱者则没有氏，只得其名。人们从商周时代开始关注姓名，姓名得以渐渐制度化和礼仪化，故此开始对名有了多种限制和禁忌。伴随社会的发展，男子的经济地位得到了提升，妇女对姓的特权则逐步丧失，于是姓成为男子的象征，子女随父姓，从此，将姓氏合而为一。姓即氏，氏即姓，氏姓或者姓氏成了姓或氏的书面用语。然而，姓和氏会根据场合的不同而有所差异。

4. 姓名与宗法伦理

汉族姓名中，所反映的封建宗法伦理的等级观念最引人注目。首先，在总体设计家族人名上，"排行"和"字辈"也有了宗法伦理。"排行"指同辈兄弟强调"睦如手足""长幼有序"，例如"伯（孟）""仲""叔""季""稚""幼"等，用以区分长幼次序的这种特定的排行字，从周代一直到现代都在使用。"字辈"指的是家族中同辈成员名字中都有一个相同的字，辈分不同会使用不同的字，这些字需要提早确定下来。古人用这种方式把宗族的尊卑次序体现了出来，进而维系宗族的团结。

5. 姓名与儒家道德

在汉族人名中，对儒家道德观念的重视也体现了出来。重义轻利是儒家所提倡的，同时还崇尚"父义""母慈""兄友""弟恭""子孝"这"五教"，以及仁、义、礼、智、信"五常之道"。所以，古时候，人们通常用"信""孝""忠""仁""义"等字来起名。个人道德修养也是儒家比较重视的，如果想要大业有成，首先就需要具备廉洁、勤俭、谦恭、诚信、友善、正直等这种美好的品德，这些方面的词也是人们命名时经常选用的。

儒家所推崇的"至德"便是中庸之道，这在人名中都有所体现。如：韩愈（唐代大作家），字退之，"愈"为"太过"，故须"退之"。此为进退相对，从中求取不偏不倚、和谐中庸的道理。

6. 姓名与时代特征

中国人名也将不同时代的社会特征体现了出来。在我国现代社会，人名中都有着社会重大运动的印记，例如"卫东""向红""抗美""援朝""建军""建国""跃进"等。除此之外，在人名中还有一种现象——避讳。在我国，这种现象由来已久，具有深厚的民族文化内涵。避讳对名字的要求是，皇帝或者祖父辈名字中有的字，臣民、子女的名字中便不能再出现。对于这种现象，汉代所采取的方法是用同义互训的字替代。

（三）颜色词与民族文化

任何颜色都有相对应的颜色词。即便人们在感知颜色上有共性，但是，颜色和颜色词若是用在人类社会中，在不同时代、地区和民族中，因为受到不同文化传统的制约和影响，便会出现特定的含义，引发独特的联想，即颜色词的文化联想意义。

从古至今，颜色词便根植于中国文化当中，为其提供足够的营养和丰富的养料，从而把绚丽多姿的世界营造出来。颜色在古代是区别等级的工具和手段，形成了一朝又一朝的颜色文化。正色有黑、白、黄、红、绿五种，其中，四种颜色青、白、赤、黑分别代表东、西、南、北四个方向，黄色则被看作是"中央之色"。此处就以这五种颜色举例，分析颜色词中的民族文化。

1. 绿色与民族文化

在五色中，排在首位的是绿色。绿色是大自然之色，春天是绿色的生长季节。新春的嫩绿，把青春、新生、温柔之感非常明显地体现了出来，象征着绿的基本感情，并且，滋长、生动、茁壮等含义也引申了出来。基于此，绿色和农业以及植物有很大关系，例如"绿化""绿色环保""绿色食品""绿洲""绿油油""绿茸茸"等。绿色的基本色调是抒情且优美的，让人产生一种生机盎然和宁静祥和的感觉，同时带给人们希望，催人奋发向上。绿色是世界和平的典型色，蕴含宁静、希望、丰饶、生机之意。

但是，绿色在古代曾经有过"低微、下贱"之意，这一含义与当时官制的服饰规定有很大关系。古代中，下层官吏服饰均采用"青"和"绿"。元明清时代，有些人需要经常穿绿色和青色服装，并戴绿色头巾，即伶人、乐工、乐人、娼妓，用这种颜色代表他们所从事的"贱业"。娼妇家的男子为表示低人一等的社会地位，需要戴绿色头巾。清朝入关之后，为了区分汉族兵和八旗子弟兵，要求汉族兵举绿旗。

2. 红色与民族文化

中国人喜用红色。红色在古代被称为"丹""朱""赤"等。从服饰历史角度来看，在周朝时期，人们就喜用红色。唐朝时期，三品以上的官员朝服为紫色（与朱相近的红色），五品以上则为朱服，这样红色便被赋予了吉利和高贵之意。因此直到今日，在庆祝商店、公司和企业开业时，都会使用红色的绸带结彩，之后剪彩，以表庆贺成功之意。结婚也称为"红喜事"，新娘子身着红喜服，头盖红盖头，新郎则身披红绸带，戴大红花，大门张贴红喜联，到了晚上还会点上红色的蜡烛，还有用红色纸包裹的喜钱等，总之，结婚以红色为主。

人们将红色延伸之后，为其赋予了更多含义，同时其也成为身份和权威的标志，自古代的朱门、朱批，至目前的红头文件，都有着这层文化意义。"红娘"是促成他人美好婚姻的人；"红领巾"是中国少先队员的标志，代表红旗的一角；"红豆"表示爱情或相思；"红心"比喻忠于无产阶级革命事业的思想；"红颜"指貌美年轻的女子；"红火"形容旺盛、兴隆、热闹；"夕阳红"指老人的幸福或有所作为的晚年。

人们通过红色能够联想起鲜血和战火的颜色，然而，革命斗争通常都是流血斗争，所以，人们会用红色象征革命斗争，从而衍生出一些相关词汇，如"红色政权""红色资本家""红心""红军""红旗"等。诚然，红色也有另一层含义，即愤怒和羞愧等，比如"红眼病"指的是羡慕他人有名望，或者妒忌他人。

3. 黄色与民族文化

在中国传统文化中，黄色位居五色之中，源自古代的阴阳五行学说，把对地神的崇拜体现了出来。[①] 由于黄色象征"中央之色"，自隋唐起，黄色便成为皇上或者贵族大臣的专用服色，老百姓不可以穿黄色。随后被称为"国色"，是最尊贵的颜色，也就是我们说到的帝王之色，是皇权、崇高和辉煌的象征。之后，人们经常使用"黄袍"一词比喻帝位，"黄袍加身"代表获取政权。宫禁之门称为"黄门"，皇上所使用的车称为"黄屋"，皇上赐予文武重臣的官服称为"黄马褂"，等等。

与此同时，黄色还象征生源，例如：人们称黄河为母亲河，我们的祖先为黄帝，我们是黄种人，等等。黄色还象征诸多美好事物，如"金秋十月""黄道吉日"等。

4. 白色与民族文化

在我国传统中，白色大部分都是贬义。在古人眼中，西方属金，为白色。古人把四季和四方相配，并认为西方属秋，然而，秋天又是一个万物枯黄凋零、濒临死亡的季节，所以我国通常也是在这个季节处死重犯。所以，代表"秋"的西方白色是不吉利的。如：

---

① 苑克云.传统文化对现代设计的影响[J].艺术品鉴，2018（9）：222-223.

"白色政权""白区""白色恐怖"象征反动、落后、腐朽;用"白眼狼"表示忘恩负义之人;用"白虎星"代表给人带来灾祸之人;人去世之后,也会称为"白事",并设置白色的灵堂,戴白孝;"白屋"指穷人使用茅草所盖之房;"白丁"指的是没有任何学问之人;"白衣"指的是贱民。白色代表不满或者轻视,例如"白了他一眼"。另外,白还有毫无价值和徒然之意,例如"一穷二白""白费""白吃白住"。在汉语中,其实白色也有褒义的用法。因为白色与白玉、白雪、白云同色,所以,人们经常用白色代表光明、纯洁以及高雅,例如"青天白日""白雪皑皑""洁白如玉"等。

5. 黑色与民族文化

在古代,黑色为天玄,是一种严肃且庄重的色调。在古代的夏、秦及汉初均崇尚黑色。黑色具有双重性,首先,黑色接近铁色,含有无私、坚毅、刚正的含义。如包青天在戏剧中经常是黑色脸谱,以此代表他铁面无私、刚正不阿。

之后,"黑"这个词由于外来文化所带来的影响,其出现贬义,即"邪恶""不洁"之义,如"黑道""黑煞"等。由于传说当中的地狱,也就是我们说到的阴曹地府,是暗无天日的,与其相反的是光明,因此黑色便有了"恐怖""死亡""黑暗"等含义。如:反动统治者为迫害行政所列出的进步人士与革命者的名单为"黑名单";暗中活动在社会上的犯罪团伙与其他反动集团成员称为"黑手""黑帮";采用受贿等非法手段获得的财物为"黑钱";古代都用无法抹去的黑色墨汁在犯人脸上刺字进而代表耻辱;还有做一些劫货杀人之类的不法勾当的客店称为"黑店"。由此可以看出,黑色具有双重性,是相互矛盾的,这其实体现出了人们对色彩的复杂情感。

(四)数词与民族文化

数是人们思维发展到一定阶段,为了更好地与社会生产活动相适应而产生的。同时，也对人们抽象思维能力和社会活动的发展起到一定的推动作用。数词与其他语言符号相同，也具有任意性，是语言无法分割的一部分，同时也是人类较重要的文化语言，看上去清晰简单。"一是一，二是二"，但却承载着诸多功能，有着丰富的内涵。同时，与民族文化的联系也非常密切，把传统文化中的社会民俗、语言文学、哲学思想、民族心理等世态的千姿百态映射了出来。

1. 数词与民族心理

其实，数词是非常枯燥的，但是，人们赋予数词一些形式和内容之后，它便有了一种独特的艺术美，反映了民族审美心理。在古代，人们崇尚和谐、整齐、对称、圆满，因此对双较为尊重，而避免出现单，因为人们的思想观念是好事成双，双比较吉利。这种观念体现在生活当中便是所有的事情都要讲究对称和对偶。偶数之首是"二"，其他偶数都是其倍数。平时人们送礼的时候也是喜欢"双喜临门"，故而"送双不送单"，结婚选择喜庆的日子时多数也是双月双日。即便是在器物装饰图案和建筑布局时也讲究结构对称，汉语诗歌、对联更是如此，要对仗工整，以"偶"为最高形式美。

由于人们趋吉避凶的心理，对数词有着一些联想，所以赋予其特殊的含义，例如同音的"九"与"久"。"九"在古代是非常神秘的数字，最初是龙形图腾化之文字，随后把"神圣"之意演化了出来。基于此，古代历代君王为了把自己的权力表示为天赐神赋，便竭尽全力与"九"相连，如：天子祭天一年九次；天诞日为正月初九；"天分九层，极言其高"；同时还有帝王、皇权的专称——"九五之尊"。除此之外，"九"作为最大的阳数，在汉语中象征非常高，被看作是圆满吉祥之数，由此中国人崇拜"九"便理所应当了。例如"九春三秋""九天揽月""九九归一""九州八极""九合一匡""一言九鼎""天保九如""三跪九叩"等。

2. 数词与哲学思想

中国古代哲学是通过数对宇宙本原进行认识和解释的，数在哲学中超越了其本身，进而成为一种哲学思想。如数字之母——"一"，与此同时，"一"也是万物之源。老子曰："道生一，一生二，二生三，三生万物。"《说文解字》曰："一，惟初太极，道立于一，造分天地，化成万物。"其中的"一"并非简单的一个数词，而是对天地未分的混沌时期的讲解，也就是开天辟地初期，世界起源的时候，主宰天地的天道和天数便是由"一"开始。"一"和"元、始、初"意义相同，以"一"开头的词在《现代汉语词典》中达到 260 个，由此可见人们非常崇拜"一"。同时，汉民族先民也极力推崇"三"，"道生一，一生二，二生三，三生万物"说的是混沌初剖产生了天地，天地二物相加为"三"，并且由其产生万物，由此，"天地人之道也"的代名词即为"三"。在社会生活的诸多方面中都体现出了人们对"三"的崇拜，并且人们还认为"三"最为神圣，比如象征吉祥、稳定、平安的国之重器——鼎有三足。在古代哲学中，"四"也具备神圣之意。

3. 数词与文学

数词与文学之间关系密切。古代韵文不同类型的句子都有定字的情况，三言诗、四言诗、五言诗、六言诗、七言诗、九言诗等每句字数都相同。有着绝句之称的为五言诗、七言诗以及四句，其中，依据字数可分为五律、七律、五绝、七绝。骈文大部分为四言、六言，也可称之为"四六文"。

一些作品把数词进行了巧妙的应用，进而让其成为作品的特色，常见于诗歌和对联中。邵雍（宋代理学家）使用数词作诗《山村咏怀》："一去二三里，烟村四五家，亭台六七座，八九十枝花。"清代乾隆也曾作诗《咏雪诗》："一片一片又一片，两片三片四五片。六片七片八九片，飞入梅花都不见。"卓文君也曾作诗《怨郎诗》："一别之后，二地相悬。只说是三四月，又谁知五六年。

七弦琴无心弹，八行书无可传，九连环从中折断，十里长亭望眼欲穿。百相思，千系念，万般无奈把郎怨。"以及在《红楼梦》中，曹雪芹的清客画像："一笔好字，二等才情，三斤酒量，四季衣服，五子围棋，六出昆曲，七字歪诗，八张纸牌，九品头衔，十分和气。"

　　在汉文化独有的楹联艺术中，可以说数词联独呈异彩，有些序数联把序数巧妙嵌入，被视为楹联艺术乃至汉文化中的瑰宝。如"五湖四海皆春色　万水千山尽得辉""一年四季行好运　八方财宝进家门""一帆风顺年年好　万事如意步步高""一元复始三阳开泰　万象更新六合同春""四季纳福　八面来财"等。

　　4. 数词与社会习俗

　　中国人认为圆是非常吉祥的，并且，人们将对完美无缺、尽善尽美的美好愿望寄托于此。在传统节日中，这一点表现得尤为突出。自古以来，我国便有除夕夜吃"团圆饭"的习俗，当天离家在外的亲人都会赶回家中团聚；同时，元宵节也是我国传统节日，当天人们会吃元宵或汤圆，观花灯，祈求生活幸福美满；中秋节正值月圆之时，当天人们都会赏月吃月饼，尽享团圆之乐；重阳节恰逢双九，需登高望远，赏菊游宴，同时，因为"登高"含有躲避灾祸的含义，且"高"又具备高寿之意，故此又称之为老人节，并且举行一些有关敬老、尊老、爱老的活动。

　　一年当中，每三个月为一季，一年共有四季，即春夏秋冬。在我国，纪念习俗中的独特岁时惯例有节气、生肖、时辰等。故此，又将一年分为二十四节气，表示气候的变化，并以此为标准安排农事。人们还称生肖为属相，十二生肖是用十二种动物配上十二个地支的一种传统纪年法，排列顺序如下：子鼠、丑牛、寅虎、卯兔、辰龙、巳蛇、午马、未羊、申猴、酉鸡、戌狗、亥猪。十二时辰制在西周时期便已经开始使用，十二时是一种以十二地支为纪的计时法，把一天分成十二时，在汉代称之为"夜半""鸡鸣""平旦""日出""食时""隅中""日中""日映""晡时""日入""黄昏""人定"。

在设宴款待客人之时，也会时常使用数词，例如待客所设菜肴通常是四个、六个、八个、十个、十二个菜，不可出现单数，因为单会被人看作是不恭之礼。

数词在婚丧习俗中具有不同文化意蕴。然而，在婚嫁习俗中，雁失配偶则终身不复成双，取其忠贞之义。所涉数目均取偶数，象征吉祥如意，不可出现奇数。不过也会有例外，即"九"，因为其与"久"同音，有"长久"之意，因此可在婚嫁中使用。单数多见于丧葬习俗中，其中最为常见的便是"三"和"七"，出殡前后的礼俗有"送三""迎七""办七""七七""烧七"等。葬礼上，逝者的亲朋好友会向逝者叩三个头或行三个礼，人去世后需要祭七七四十九天，祭满二十七月除服等。

在年龄上，年龄数也有着一定的禁忌，俗语有说道："七十三，八十四，阎王不请自己去。"因此，人们对于俗语中提到的年龄都非常小心，有些人会在这两个年龄穿红色内衣以求躲避厄运。

其实，笃信数字吉凶参半，数字会预兆或是带来吉凶祸福，原本就是一种迷信的说法。数字与其表征的吉凶其实就是一种基于历史、文化途径的偶然的外在联系，是古老迷信的延续。但是，数词作为民族文化的一部分，是民族文化的折射，若以数为经纬，联结上下古今，即可窥视民族文化博大精深之一斑。

第四章　汉语语法及其文化内涵

第一节　语法研究与语言单位

一、语法系统的整体研究

语言的语法是一个严密复杂的系统，在系统上和语言特征相同，具体表现如下：第一，语言交际有很多内容，所以，语言中句子数目也非常多，但是，组词成句的语法却非常有限，语法规则是由语法和句法相互区别的子系统所形成的集合；第二，语法系统处于语言系统当中，语言规律对其起到一定的制约作用。语法分为两部分，即词法和句法，可从不同层面将语言符号的组合规则体现出来，承认存在语言系统性。同时，语法学中的"省略""倒装""移位""转换"等术语的产生也能够接受。相对来说，它们的存在隐含了语法基本规则存在的前提。"移位""转换"等概念，无论所及范畴宽窄、适用程度高低、例证多少，都是在系统中表现出特殊性的用词、用句方式。基于此，对于学界存在的"转换语法"等便能进行科学的解释了。语法形式的变化都有约定俗成的手段，对语言的法则比较重视。语言的规则可以通过研究获得，即语法学。"语言学家把每个说话人不自觉掌握的语法规则，从他们说出的话语中通过分析、归纳然后描写出来，从此人们对语言的语法才有自觉的认识"。①

二、语言单位的分项研究

语言具有稳固性和变化性的特点，在组句应用中，语言单位的成员互相影响。语言的各个单位都有层次性以及组合的规则秩

---

① 王钢.普通语言学基础 [M].长沙：湖南教育出版社，1988：56，90.

序。成员之间也有明确的层级关系，进而形成不同的层级体系。研究汉语语法需要深入最小层级以及句子内部当中，细化到每一个组成单位，下至语素，上至句子、段落，乃至篇章。语法研究由词法和句法研究构成，前者研究词单位的构造，分析词的构成以及由词所构成的短语；后者结合应用，从人们以句为单位进行交际这一事实出发，研究整句的话语，分析其语法层次，显示其完整表意的机制。

（一）实词与虚词

语言中的词大部分是实词，用以称说事物，同时表达概念。事物可以通过概念进行反映，词则可以说明或者代表事物和概念，所有的词都是语法、形态和语义的限定结合体。语言材料在参与组织语言的同时，受到形态、语法、语义三方面的限制，语义特征和语法特征同时显现。

《马氏文通》首先把"词"分为实词和虚词两类："凡字有事理可解者，曰实字。无解而惟以助实字之情态者，曰虚字。"①实词表示实在的词汇意义，虚词表示句中附加于实词的语法意义。从语法学上看，《马氏文通》第一次明确了实词和虚词这两个相对的概念。

吕叔湘在《汉语语法分析问题》中指出，汉语包含了四级语法单位，语素、词、词组是静态单位、备用单位；句子是动态单位、使用单位。语素是音义结合的最小单位，由语素构成词，由词构成词组，词与词、词组构成了句子。语素、词、词组具有同一性，在系统中处于不同的层次。语素与语素组合而成为词，词和词组合成词组。在语言的各元素中，语素属于最小单位。汉语语素可再分解为音位或音节，但不能分解出下层的意义。汉语的音节通

---

① 马建忠. 马氏文通 [M]. 北京：商务印书馆，1983：164.

常是有意义的，最小的意义单位也以单音节来表示。从构成关系上来看，汉语的四级语法单位一级大于一级，下一级的语法单位是上一级语法单位的构成材料。语法单位的组合是按照一定的结构规律进行的，较小的语法单位组合成较大的语法单位有基本的规则需要遵守。语言单位的每个成员的每次组合都受到规则的制约，其组合的语法手段主要有语序和虚词两种。语序是指语法单位的排列顺序，语序不同，语言单位组合后的意义和结构关系也就不同。如"马上"和"上马"，语序不同，意义不同。

马建忠指出，虚字的功用是"以助辞气之不足者""惟以助实字之情态者"，并归纳虚词的作用是"提、承、展、转"。"字句相接，不外提、承、展、转四者，皆假虚字以明其义"。汉语语序的变更可以借助虚词来表示，把虚词作为表示句际关系的语法手段来使用。"凡文中实字，孰先孰后，原有一定之理，以识其互相维系之情。而维系之情，有非先后之序所能毕达者，因假虚字以明之……"① 虚词使用不同，表示的语法关系也就不同。如"寡人"与"民"这两个词，以不同的虚词连接，形成的是不同的结构样式："寡人之民"为偏正关系，"寡人与民"为并列关系。

（二）词法、句法

研究语法，主要是研究词法和句法，它们是同一事物的两个不同方面，相关的研究也具有密切的联系。具体来说，词法主要研究词的结构和构词方式。词的结构也有规则，依照一定的规律组织成词。汉语的词法研究主要是讲词的结构类型，称为词法学。语法学家关注的热点是复合词的构造问题，研究解释构词类型，并同时说明词的来源等。句法主要研究词组、句子的结构和类型，

---

① 马建忠.马氏文通 [M].北京：商务印书馆，1983：323.

句法分析的最大单位是句子，通常意义上都是分析到句子为止。句法分析从句子的构成单位开始，逐级分析其组合关系，如有主语、谓语、宾语等句法成分，有单句、复句等句子单位。当然，汉语词法与句法也有相错综的现象，用于词法研究的术语也用于句法研究，两个范畴的术语使用有相通的地方。比如关于词的构成、词组类型、句法结构分类等，就有交叉使用术语的情况。词组的构造方式和句子的组合方式研究遵循类似的路径，对不同级的组合分析使用同一套术语加以描述，因此，"句法"这一名称的内涵也就比较宽了。

运用语法规则把分散的语言单位组合起来，就形成人们交流思想、传达信息的交际工具。人们把语言材料按一定的结构规律组合起来构成句子，以达到有效交际的目的。较低一级的语言单位组合构成更高一级的语法单位时要遵循一定的结构规则，这种规则就是句法。词法的研究包括虚词功能的研究，需要和句法研究结合起来进行，它们共属语法学的范畴。仍以《马氏文通》为例，其全面地揭示了古代汉语宾语前置现象，并且表明，句法上的变更离不开虚词的恰当运用。马氏对动词宾语的前置条件进行了归纳，其中反映了句法研究与虚词研究的密不可分："惟外动字加弗辞，或起词为'莫''无'诸泛指代字，其止词为代字者，皆先动字。""凡止词为'自'字'相'字，概谓之自反动字，其止词先动字者常也。""询问代词为止词，则先其动字。"前置宾语与动词间参以"之""是"。① 之后列举《论语》《孟子》《左传》等先秦文献用例，从而充分说明了研究的科学性。

（三）古今语法比较研究

在语法研究的方法和范畴上，古今汉语语法比较是一个重要

---

① 马建忠 . 马氏文通 [M]. 北京：商务印书馆，1983：159.

的领域，它是语法研究的基本方法，反映了语言研究中的历史观念。

高名凯的《语法理论》在论说索绪尔的《普通语言学教程》时说："他认为一切的科学都可以从两个不同的角度研究它的对象，一是从事物的静止状态来描写它的对象，一是从事物的发展情况来研究它的对象。前者就是研究事物同时存在的状态的一面，后者则是研究事物在不同时间之中继续存在的情形。有些科学可以把这两方面统一起来，不加区别；有些科学，特别是属于价值系统的科学就应当把这两者区别开来，因为语言是一个复杂的价值系统，语言学的研究就必须把这两者严格地区别开来。研究语言系统于某一时期的静止状态的，称为静态语言学或横序语言学；研究语言事实于不同的时期中的历史演变的，称为演化语言学或纵序语言学。"① 比较语言学主要从微观的构成元素（词）来进行词类和用例比较，体现为纵序的研究。

1. 词的比较

从音节看，汉语双音节词的增长是比较明显的。古代汉语里一些常用的单音节词，现在用双音节词来表示。不少单音词衍生出了双音节词，两者并存使用。如《国语·晋语一》："其下偷以幸"，韦昭注："幸，徼幸也。"又《晋语五》："盍亟索士整庇州犁焉"，韦昭注："整，整顿。"也有一些单音节词没有参与构词，但与其同义的复合词代替了它的部分用法。仍以文献与后代注释的比较为例，这一变化尤其明显。如《国语·周语中》："夫狄无列于王室"，韦昭注："列，位次也。"又如《国语·周语上》："让不贡，告不王"，韦昭注："让，谴责也。"其中，韦氏所用的注释词现代仍然常用，原来的单音词或作为语素保留在复合词中，或已经退出了人们的使用。也有一些新生的双音词代替了单音词的使用，这样构成了古与今的不同。比如现在说"价值、价格"，古代汉

---

① 高名凯.语法理论[M].北京：商务印书馆，1960：29.

语里常用"直"来表示，如《史记·韩长孺列传》："太后、长公主更赐安国可直千馀金。"又如清·黄丕烈《荛圃藏书题识》："余每以不得刻本为憾。去冬有书友携一本来，因世间此刻甚少，疑为宋本，故索直颇昂。余亦重其希有，以青蚨二千钱易之。惜首缺甲乙二卷，在乾隆辛酉时已不能钞补，则刻本之希有，益可知矣。"①结合语境，可知"直"为"价钱"。李恕豪运用信息论研究词汇史，探讨了这一演变过程的积极意义："汉语词汇系统由单音节向双音节转化的最主要的原因，在于社会的进步所引起的交际需要的扩大。双音词增加了音位的组合长度，从而提供了大大超出实际需要的信息。"②

从词类方面来看，现代汉语的词的语法功能比较固定，语言使用中的此类易于判别。

鲁迅的《故乡》中有一段话："我冒了严寒，回到相隔二千余里，别了二十余年的故乡去……苍黄的天底下，远近横着几个萧索的荒村，没有一些活气。我的心禁不住悲凉起来了。啊！这不是我二十年来时时记得的故乡？我所记得的故乡全不如此。我的故乡好得多了。但要我记起他的美丽，说出他的佳处来，却又没有影像，没有言辞了。"文中用以描述所见所闻的词语，无论是单音节词还是双音节词，也无论是实词还是虚词，所属的词性类别都很清楚。古代汉语里，词的性质大体上也都是确定的。看这样一段话：《汉书·苏武传》："武既至海上，廪食不至，掘野鼠去草实而食之。杖汉节牧羊，卧起操持，节旄尽落。积五六年，单于弟於靬王弋射海上。武能网纺缴，檠弓弩，於靬王爱之，给其衣食。三

① （清）黄丕烈撰；余鸣鸿，占旭东总校．黄丕烈藏书题跋集上[M].上海：上海古籍出版社．215:318
② 李恕豪．论语言信息和汉语词汇系统双音节化的关系[J].四川师范大学学报（哲学社会科学版），1993（3）：76-82.

岁余，王病，赐武马畜、服匿、穹庐。王死后，人众徙去。其冬，丁令盗武牛羊，武复穷厄。"其中的实词、虚词等没有特殊用法，阅读此文，只要注意古今词义的变化就可以了。

相对于现代汉语来说，古代汉语的"词类活用"现象较多。词类活用是指在古代汉语里，某类词在一定的语言环境下，按照某种使用习惯，可以改变自己的语法功能，临时活用作他类词。如动词的使动用法在一些成语中保存下来（"破釜沉舟""沉鱼落雁""众口铄金""倾国倾城"等）。

①曹子手剑而从之。（《公羊传·庄公十三年》）

②老吾老，以及人之老。（《孟子·梁惠王上》）

③今媪尊长安君之位，而封之以膏腴之地，多予之重器，而不及今令有功于国，一旦山陵崩，长安君何以自托于赵？（《战国策·赵策一》）

④丞相岂少我哉？（《史记·李斯列传》）

⑤众可惧也，而不可怒也。（《左传·昭公二十六年》）

⑥客肯为寡人少来静郭君乎？（《吕氏春秋·知士》）

第①例，名词"手"活用作动词，表示"用手拿着……"，名词后带上宾语"剑"，表示动作行为的意义；第②例，第一个形容词"老"活用作动词，表示"……为老"。形容词带上宾语表示动作行为与其后名词之间的支配关系；第③例，形容词"尊"用作使动。第④例，形容词"少"用作意动；第⑤、⑥两例，动词作使动用，表示"动词致使宾语……"。形容词的使动用法即是带上了宾语的形容词，使其宾语在意义上具有这个形容词所表示的性质和状态。

古今比较，虚词变化也较明显。例如：现代汉语有助词"的、着、了、过"，古代汉语则没有；现代汉语有丰富的动量词，而古代汉语一般用数词直接修饰动词；古代汉语有无定代词"或、莫"，兼词"焉、诸"，而现代汉语则没有；古代汉语有谦敬副词"敬""幸""谨""惠""辱""伏""窃""忝""愚"等，指代性副词"相""见"等，现代汉语则很少用了。

2. 句式比较

古今语法对比，语法变化明显。以语言中的部分句子为研究对象，从句子结构的某方面特征为标志划分出的句子类别称为"句式"。不论是传统语法，还是习惯语法，抑或是生成语法、功能语法，不论是暗含的还是明说的，都有一个基本句式体系，而其他句式则是通过有限的不同手段形成的相关的变式。讨论句式，常会说到"基本句式"和相应的"变式"（"移位""逆序"）。语法教材通常先来说明语法的基本句式，进而说明变式的类型。胡明扬指出："确立基本句式和变式就是要反映语言的系统性，或者像很多人所说的那样，是为了'以简驭繁'。从基本句式到变式有一套转换规则，而这些转换规则还可以归结为少数类型，这样，千变万化的各种句子形式就构成一个有规则可循的、互相联系在一起、互相制约的系统。"①

古今比较，句式面貌不尽相同。古代汉语里，"唯（利）是（图）""惟（名）是（争）"中就蕴藏着典型句式。古汉语的判断句、被动句、省略句、倒装句等，一般被视作古汉语的特殊句式。例如：

①陈胜者，阳城人也。（《史记·陈涉世家》）

②臣实不才，又谁敢怨？（《左传·成公三年》）

③除君之恶，唯力是视。（《左传·僖公二十四年》）

④其有不合者，仰而思之，夜以继日。（《孟子·离娄下》）

⑤臣诚恐见欺于王而负赵。（《史记·廉颇蔺相如列传》）

从以上古语句可见，汉语句式古今是有变化的。第①例是判断句，主语后用"者"、谓语后用"也"表判断。古汉语判断句

---

① 胡明扬.基本句式和变式[J].汉语学习（学术版），2000（1）：1-5.

多为名词或名词性短语直接充当谓语，不用判断词"是"。有时在句首主语后加"者"、谓语后加"也"为提示。古汉语的判断句有一些基本式，句中还可用"乃""即""则"等来加强判断。古汉语里判断句可以用"是"，但它常常是指示代词作主语来使用的。否定判断里有时加否定副词"非"等副词，但它也不是判断词；第②例是宾语前置句，也称为逆序句。古汉语里，动词、介词的宾语在一定条件下前置于动词，如疑问句由疑问代词作宾语、否定句由代词作宾语、强调句用"之""是"提示宾语前置；第③例用"唯……是……"强调唯一性，宾语"力"前置于动词；第④例介词"以"的宾语前置；第⑤例为"（见）……被动式"。古汉语里用"（见）＋动词＋于＋名词""为＋名词＋动词"等记录这些非主动意义，在现代汉语多用"被……"句式来表达，主要格式为"受体＋被＋主体＋动词性结构。"

第二节　汉语语法特点

对于汉语的语法特点，有许多不相同的说法。例如汉语是单音节语言，汉语很少像印欧语系的形态，汉语的词序和虚词非常重要，汉语的词类跟句子成分不存在简单的一一对应关系，汉语句子的构造原则跟词的构造原则基本一致，等等。汉语是汉藏语系里最主要的语言，汉语的特点需要与别的语言比较才能显示出来。

一、结构的意向融合性

汉语是一种孤立型语言，它不像印欧屈折型语言那样主要借助于形态变化等形式因素表示语法关系，汉语的词基本上无专门表示语法意义的附加成分，形态变化很少，语法关系靠词序和虚词来表示。印欧语言，如英语，不仅词性有标志，句中各种意群成分结合也都有明确的连接词和介词或关系代词表示相互关系，结构形式相对固定。汉语的结构组合，不管是语素之间的组合还是句中词与词的组合，主要借助语义活用的因素，即在一定的上下文中利用意义作为支点进行意念融合，比较灵活。汉语是单音节语素语，一个语素只由一个音节构成（在书写形式上就是一个汉字）。汉语语素包括词（即语素本身就是词）、构词成分及构形成分。古汉语单音节词占多数，后有双音节化趋势，但在现代汉语里，最常用的词还是以单音节占大多数。在《现代汉语频率词典》前 300 个出现频率最高的词中，只有 55 个是双音节，其余皆是单音节词。即使是双音节词，很多也是由两个在语义上可以独立的单音节语素合并而成的，或由核心语素加前缀（词头）或后缀（词尾）连缀而成，前者如"观光、白糖"，后者如"老虎、疯子"。汉语语素合力很强，互相结合没有形态成分的约束，弹性很大。汉语的语素像小孩手中的积木，可分可合，左右逢源，变化多端。"句法"规则对它控制力很弱。汉语句中的成分通过"意"将其连贯在一起，不用关系词，读者也能体会其关系，因而语言材料使用很经济。申小龙认为："汉语的组织方式有很强的灵活性。这种灵活性的根源在于汉语结构的简易性。"①中国古代哲学有"大道尚简"的思想。《易经》曰："易简而天下之理得矣。"现代学者郭绍虞曾指出：中国人的思想很能从错综复杂的现象中理出头绪，寻出规律，使之简易化，然后再从简易入手，驾驭多种变化和复杂事情。正因其简易，所以要明其变。正因其变，所以要观其通，在灵活多变中找出各种通例，发现规律。这是汉人学汉语之所以能"神而明之"的缘故。

（一）语素之间的灵活意合

---

① 申小龙，宋永培.新文化古代汉语：第 2 册 [M].南宁：广西人民出版社，1995：306.

汉语有很多合成词的字序可以倒置，但是其意思没有任何改变，如觉察—察觉，直爽—爽直，名声—声名，离别—别离。有的倒置后分化出另一种词义，如恋爱—爱恋，实现—现实，来历—历来，人情—情人。有的词加上附加成分，可以表示不同的感情色彩，如傻—傻帽、傻拉巴唧、傻头傻脑，都有讥消色彩；甜—甜丝丝、甜津津、甜蜜蜜、蜜甜，都有喜欢的色彩。有的词组或成语可以压缩提炼，如扼腕叹息—扼腕，激浊扬清—激扬。有些词可以加字变成词组或成语，如颠倒—颠三倒四，颠来倒去；清楚—不清不楚，一清二楚。有的词则是从动宾词组改变字序后变成一个完成原动作的工具物件，如拔鞋—鞋拔，舀水—水舀，洗笔—笔洗。

（二）词与词的灵活意合举例

汉语的词基本上没有形态变化，词的句法功能有不确定性，词序所表示的语义关系也多种多样，一个句子里的语词关系要求根据具体言语特点进行综合分析。汉语词的类别相对灵活，其功能也相对灵活。协议、实现、学习、贡献、理论等词可以作动词，也可以作名词，看你用在句子的什么位置。用在谓语位置就是动词，用在主语或宾语位置就是名词。如理论用在"我们要学好理论"里就是名词，用在"我要与你理论一番"里就是动词。又如"出租汽车"这一词组，可以理解为动宾关系，也可以理解为偏正关系，究竟做什么关系用，由运用者根据具体的言语情景而定。汉语动词与宾语的语义关系也是多种多样的，也就是说，汉语里宾语表示的意义极为丰富。

汉语的意合特点，中外许多学者早就注意到。例如黎锦熙先生早就指出："国语得用词组句，偏重心理，略于形式。"[①]对汉语颇有研究的普通语言学奠基人洪堡特从一个熟悉印欧语语法

---

① 黎锦熙. 新著国语文法 [M]. 北京：商务印书馆，1992：7.

的学者的角度看汉语，他说："在汉语的句子里，每个词排在那里，要你斟酌，要你从多个不同的关系去考虑，然后才能往下读。由于思想的联系是由这些关系产生的，因此，这一纯粹的默想就代替了一部分语法。"①对汉语的意合性说得最透彻、影响最大的是当代学者申小龙。申小龙把汉语的这一特点概括为"以神统形"，并明确指出："汉语句子的脉络是一种具有逻辑天籁的心理时间流。它不像西方语言的句子那样以动词为中心搭起固定框架，以'形'役'意'，而是以意义的完整为目的，用一个个语言板块（句读段）按逻辑事理的流动，铺排的局势来完成内容表达的要求。"②不过也有一些学者持不同意见，他们认为"以神统形"的说法太玄，难以把握。

二、句读的气韵顺畅性

西方语言的典型句子是以限定的动词为中心的，其他成分按照关系一层一层附加上去，讲究结构的严密，句子不厌其长。汉语动词没有限定形式与非限定形式的区别，句子是由一个个语片按心理时间顺序流动铺排下去，以完成意思的表达，但需注意诵读的气韵和节奏，因此语片本身不能太长或拗口。这里我们引进了"语片"这一新的概念，它是指在一个句子中，用标点符号隔开的一个个"词组"，它可以是句子的主语部分，也可以是谓语部分，还可以是修饰成分。之所以不直接叫它"词组"，是因为它有时就是一个词，而且词组只说明它的结构，未表明它在句中只是一个片段的意思。之所以不叫它"分句"，是因为它未必都具备典型句子的结构，传统语法中说的那些既定的分句关系模式，未必能概括汉语语片之间复杂的关系。我们这里说的"语片"相

---

① [德]威廉·冯·洪堡特.洪堡特语言哲学文集[M].北京：商务印书馆，2011：186.

② 申小龙.中国句型文化[M].长春：东北师范大学出版社，1988:327.

当于申小龙说的"句读段"。改用"语片"，其意亦在避免"段"字可能引起的误会。例如：

①"这屯子还是数老孙头能干，又会赶车，又会骑马，摔跤也摔得漂亮，吧嗒一声，掉下地来，又响亮又干脆！"（周立波《暴风骤雨》）

②"芥蓝开满了白花，白菜簇生着黄花，椰菜在卷心，枸杞在摇曳，鹅黄嫩绿，蝶舞蜂喧，好一派艳阳天景色！"（秦牧《古战场春晓》）

先来看例①，"这个屯子里还是数老孙头能干"，这个语片是对老孙头的总的评价，主语是"老孙头"，"还是数"可看作表强调的插入成分。下面的三个语片"又会赶车，又会骑马，摔跤也摔得漂亮"是分说，主语承前省，是"老孙头"。"吧嗒一声"（偏正词组）则是一个对"摔下地来"声响状态的描述，是一个特写镜头。最后一个语片"又响亮又干脆"（形容词性联合词组），是对"摔"的动作的评价。它连主语带谓语（"跤摔得"）都不用了，但读者自明。汉语的这种简洁表达，从英语语法角度看起来就是频繁地省略。其实这是汉族人的言语习惯，不强调形式完整，只要听者懂了就行。

至于例句②，是描写南国春景的。开头四个语片"芥蓝开满了白花，白菜簇生着黄花，椰菜在卷心，枸杞在摇曳"，是主谓句排比。后三个语片"鹅黄嫩绿，蝶舞蜂喧，好一派艳阳天景色"，前两个是渲染气氛的，最后一个是总结性评价。"鹅黄嫩绿"是两个独语句连用，"蝶舞蜂喧"是两个主谓结构合成的联合词组，都是四字句。"好一派艳阳天景色"是一个描写性的独语句（名词性偏正词组），整个句子整齐而又错落有致，朗朗上口，给人以美感。

三、词组与句、词的同构性

在英语中，句子使用限定式动词，短语使用非限定式动词，句子和词组的差距非常显著。相反，句子和词组在汉语中有相同的结构，动词没有限定式和非限定式的区别。汉语中有多种词组形式，且都非常重要。

在汉语中弄清什么是句子是清楚句子和词组关系的前提条件。句子能够完成一次简单的交际任务，具有表述性。若想构成句子的词或词组所指称和陈述的内容同现实发生特定的联系，那么，句子就必须具备特定的语调。相反，不具备特定的语调，不与现实发生某种特定联系的词或词组，只能是语言的备用单位，即词组。除了独语句中的一词句（如：火！）以外，在汉语里句子都是由词组构成的。造句的过程就是汉语词组组合或独立使用的过程。它们的关系是具体的言语交际活动和抽象的语法结构的关系，即实现的关系，而不是简单的组合关系。汉语的词组好比建筑上的水泥预制件，造句就是将这些预制件搭成桥或者房子的过程。汉语中的词组除了少数词组（如某些介词词组和固定词组等）以外，大部分都可以独立成为句子（当然要带上语调，或者再带上语气词）。如果说英语是句子本位系统，那么汉语就是词组本位系统。汉语的词组与词基本上也是同构的。古代汉语原先是单音词占主导，但为了区分汉字中的同音字，发展到后来就以双音词占主导了，原来的单音词在现代汉语的双音词里就成了语素。汉语词组的结构与汉语词汇中复合性合成词有一部分结构完全相同。例如，汉语由词根语素 + 词根语素构成的复合型合成词有五类，即动宾式、主谓式、后补式、偏正式、联合式，它们的结构方式与词组中的动宾词组、主谓词组、补充词组、偏正词组、联合词组是一样的。

汉语词组与句和词的同构性表明汉语语法是一种规则简明容

易掌握的语法。简明的根本原因在于没有形态的限制和束缚，汉语的意合性、灵活性与语法简明是相辅相成、相互为用的。语法简明为意合性、灵活性提供了条件，而意合性、灵活性则利用语法的简明的舞台大显身手，多有创造。一些熟悉汉语用词造句习惯的文人，情感浓烈时信手拈来一些汉字意合在一起，就创造出一些既有古典气息又有新意的词语，一下子你甚至说不清它是词，还是词组。

第三节　汉语语法的文化特征

一、书面语与口语的"合一分一合"过程

意大利历史哲学家维柯认为，语言史是人们得以以确切而完整的方式提出思想史、宗教史和法律史等的基础。他在《新科学》里将人类语言的发展分成三个阶段。第一阶段，人类将各种自然现象看作神的语言符号。如电闪雷鸣就是天神向人们所做的一种姿势或信号，是神的语言。占卜就是研究这种神的语言的学问。第二阶段，人类开始用类比、意象、隐喻和自然描绘的方式来表达思想，而这种最初的语言是在唱歌中形成的。韵语和隐喻是这一时期语言的特点。或者说这一时期的语言是普遍诗歌化的，人们都是诗人，人们将感受和情欲赋予本无感觉的事物。韵语歌唱是原始人类情感释放的最自然的方式，也是保存自己家族和社会历史记忆最容易的手段。第三阶段，随着抽象思维的发展，才出现了散文化、叙述化的"村俗语言"。诗的语言与人类掌握语言的起源一样久远，我国古代学者对早期语言的诗歌化也有类似看法。《诗经·毛诗序》云："诗者，志之所之也。在心为志，发言为诗。情动于中而形于言，言之不足，故嗟叹之；嗟叹之不足，故咏歌之；咏歌之不足，不知手之舞之足之蹈之也。情发于声，

声成文谓之音。"我国上古时期,口语与书面语言较为统一,而且简洁。阮元说:"古人以简策传事者少,以口舌传事者多;以目治事者少,以口耳治事者多。故同为一言,转相告语,必有愆误。是必寡其词,协其音,以文其言,使人易于记诵,无能增改,且无方言俗语杂于其间,始能达意,始能行远。"这是说口语尚简的原因。阮元又说:"古人无笔砚纸墨之便,往往铸金刻石,始传久远;其著之简策者,亦有漆书刀削之劳,非如今人下笔千言,言事甚易也。"《吴越春秋》中有一首作于黄帝时代的《弹歌》:"断竹,续竹;飞土,逐宍。"写的是古人断竹劈竹,用弦续竹成弓,用弓射出土制烧硬的弹子,追逐野兽打猎的过程。表达何其简洁,八个字,分四个语片,皆动宾结构,押入声韵,一听即可背诵。这正是上古时期人们的语言,完全符合汉语意合、顺畅的特点。可以认为,这是当时人们口头语言的样式,书面记下来也一样。

汉代以后,简便的隶字通行,书于竹帛,相对方便。这时书面语言雕琢之风日甚,并与口头语言逐渐脱离。书面语言讲究文词运用的藻饰之工,于是辞赋盛行。汉字本身又有形象性与表意性,于是辞赋大家们在汉字的使用上又驰胜骋能,他们写出的文章,粗一看竟像辞典。郭璞的《江赋》,通篇文字以水为偏旁的占十之五六,真是满目滔滔,江流万里。司马相如的《上林赋》,文中写出的崔嵬崭声崛崎崇峨等字,皆以山为偏旁,叙述鱼鸟者,皆以鱼鸟为偏旁,故文字生动,令人想起鸢飞于天、鱼跃于渊之情境。申小龙指出中国文学演变中辞赋的出现以汉字构形的特点为基本条件,是有道理的。申小龙还指出,那些汉代的辞赋大家,几乎同时都是汉字研究的专家,西汉以《子虚赋》《上林赋》名世的司马相如同时编有字书《凡将篇》;以《长杨赋》《甘泉赋》《羽猎赋》名世的扬雄又是著名的文字家,他编撰的字书《训纂篇》所记文字,是元始五年全国性文字整理的成果。东汉以《两都赋》名世的班固,同时又是文字专家,他在《汉书·艺文志》

中说自己在扬雄《训纂篇》八十九章以后，"臣（班固）复续扬雄作十三章，凡一百二章，无复字，六艺群书所载略备矣。"此外，据《隋书·经籍志》所载，班固还编有《太甲篇》《在昔篇》等字书。汉赋句式介于诗歌与散文之间，善于铺排、堆砌，杂有骚体句式，已失去了口语的简洁、朴素、押韵好记的样式。这个时期的口语情况，我们可以从汉代民歌、童谣中得到一些消息。"上邪！我欲与君相知，长命无绝衰。山无陵，江水为竭。冬雷震震，夏雨雪。天地合，乃敢与君绝！"这是两汉时的句式，为杂言体，即倾向于散文化，但至东汉基本上又趋向整齐。如《城中谣》："城中好高髻，四方高一尺。城中好广眉，四方且牛额。城中好大袖，四方全匹帛。"司马迁的《史记》语可以看作口语标准化、艺术化以后的新的文学语言。到了魏晋南北朝时期，书面语言与口语语言的分离加剧，出现了骈文，书面语要用对偶句，两句中音与音、义与义之间的骈俪配合要求繁琐。理论文字如《文心雕龙》要用骈文阐述抽象道理，这个影响直达隋末唐初。唐太宗为一代英明之主，写了一个《百字箴》，也要用四六句式，如"耕夫碌碌，多无隔夜之粮；织女波波，少有御寒之衣。"书面语言与口头语言的分离已很严重，对偶的要求、过分的藻饰已影响到人们朴素情感的真诚表达。于是有韩愈、柳宗元提倡的古文运动，实为散文运动。古文家所用的虽是文言，但仍与口语不同，然而却是文字化的语言型，是模仿古代的语言型的文学语言。"因（古文）是语言型，所以骈文家只能讲声律，而古文家讲文气。声律属于人工的技巧，文气出于语势之自然。又因是文字化，是模仿古代的语言型文学语言，所以不合口头的声音语。由于这种关系，所以古文家也讲音节"。申小龙说："文学形式彻底地语体化是在宋代，小说戏曲都以口语为准绳，完成了中国文学史由以文字型为主到语言型作品为主的演变。"① 这不等于说人们写文章都用口语了，主要是文学作品大部分用口语了，这当中还是有人写文章用文言，写小说也用文言的。中国文学语言与口头语言真正统一起来，是五四新文化运动推行白话文的功劳。

二、语法演变与诗歌句式

汉语早期的诗歌与日常言语在形式上是尚未分化的。我国历史上最早的诗歌总集《诗经》的句式有："蒹葭苍苍，白露为霜。所谓伊人，在水一方。溯洄从之，道阻且长，溯游从之，宛在水中央。""彼黍离离，彼稷之苗，行迈靡靡，中心摇摇。知我者，谓我心忧；不知我者，谓我何求。悠悠苍天，此何人哉？""四言体"是诗经体式的基本概括，在其简短、整齐、重押韵上与《弹歌》是一致的。《诗经》中联绵词（双声、叠韵）、叠音词较多，不仅节奏整齐，而且表现力强。从句法角度说，它表现了那时重韵语组合的特点。不仅诗歌如此，即使是周秦时的理论著作亦是相似。

《诗经》四言体在表达思想时有其局限性。有时为了把意思说完整，常常要几个韵句完成一个句子。当音节不足偶数时，便用语气词凑足。如"绿兮丝兮，女所治兮。我思古人，俾无忧兮。"《诗经·邶风》句中"兮"表意作用不大，主要起到整齐音节的作用。上古汉语中词汇双音化已有势头，虚词（主要是语法功能）多为单音词，在表达一个完整意思时，双音词与单音虚词在偶数字句的诗行中难以配合协调。故语法的演变促使诗歌句式朝奇数体制发展。《诗经》本身有些诗已在四言中杂有五言、六言、七言的，如《伐檀》一诗："坎坎伐檀兮，置之河之干兮。河水清且涟猗。

① 申小龙，宋永培.新文化古代汉语：第2册[M].南宁：广西人民出版社，1995：381.

不稼不穑，胡取禾三百廛兮？不狩不猎，胡瞻尔庭有县狟兮？彼君子兮，不素餐兮！"（《诗经·魏风》）这首诗里的"兮"和"猗"是语气助词，是全诗为加重感情色彩而加上去的，把它们拿去，意思不变："坎坎伐檀，置之河之干。河水清且涟。不稼不穑，胡取禾三百廛？不狩不猎，胡瞻尔庭有县狟？彼君子，不素餐！"这里三言、四言、五言、六言、七言都有了。

古汉语虚词的发展和词汇的双音化，使四言诗句式在表情达意中颇感不便。汉代三言诗、五言诗在民谚、童谣中大量出现，显示出奇数字句的表现力。例如《史记·淮阴侯列传》中有三言谣谚："狡兔死，走狗烹；飞鸟尽，良弓藏；敌国破，谋臣亡。"东汉时《京都童谣》："直如弦，死道边；曲如钩，反封侯。"汉乐府中出现了成熟完整的五言诗体，用"二、三"节奏取代了四言诗古拙的"二、二"节奏，显示了旺盛的生命力，这是汉语语法发展的胜利。五言诗节奏既可是"二、三"，又可是"一、四"，还可是"二、二、一"，大大丰富了诗歌的表现力。

五言诗体至魏晋南北朝时已广泛运用。试看它们的节奏："歌谣数百种，子夜最可怜。慷慨吐清音，明转出天然。"（《大子夜歌》）这是"二、三"节奏。几乎与五言诗同时，七言诗也出现了，于是音节和意义的变化更多样，表现力更丰富。其节奏成"二、二、三"或"二、三、二"，或"二、二、二、一"，或"二、二、一、二"。起初的七言诗是在两个三言中加上语气词，还不是成熟的形式，是过渡状态。如项羽的《垓下歌》："力拔山兮气盖世，时不利兮骓不逝。骓不逝兮可奈何，虞兮虞兮奈若何？"到了北魏时的《李波小妹歌》，七言句已相对成熟："李波小妹字雍容，褰裳逐马如卷蓬。左射右射必叠双。妇女尚如此，男子安可逢。"

南朝齐梁以后，七言的诗句日益增多，到了唐代，近体诗七律七绝、七言句臻于精美，其信息容量之大发展到了极致。唐代律诗要求当中两联对偶，一联中，上下两句同一位置上词类要相同，其前提是汉语词性趋于固定，这在汉语语法上已经做到了。所以，律诗才能名词对名词，动词对动词，形容词对形容词，数量词对数量词，副词对副词，如杜甫的《蜀相》："映阶碧草自春色，隔叶黄鹂空好音。三顾频烦天下计，两朝开济老臣心。"就是这样对的。

值得一提的是，律诗、绝诗对语言的提炼，反过来对汉语语法的表达格式产生了新的影响。举例来说，前面我们谈到的汉语中，独语句连用的句式具有典型的意象融合的特点。这种句式的形成，与唐代的近体诗（律诗、绝句）有密切的关系。在汉语里，一个句子最重要的是动词，句子里主语、连词、介词经常省略，但动词一般不省略。可在近体诗里，因字数有一定限制，语言要求特别精练，所以句中主语、连词、介词的省略且不去说，有时动词也省略了。

从汉语语法发展的角度说，唐代是一个重要的发展阶段，它奠定了近现代汉语语法的基础。中国诗歌体原本是以整齐句式为主流，但从唐五代到宋，整齐句式为成熟活泼的长短句式所取代，这并非偶然。其前提也是语法上要有充分的条件。宋词式的成熟的长短句，滥觞于敦煌曲子词。敦煌曲子词是民间艺人按曲子填词，这个曲子是在西域传入中原的胡乐影响下产生的新乐曲，它受西域民族语法要素的影响。从词类来谈，汉语量词作为独特的词类范畴已牢固确立，名量和动量表示法已成规范。人称代词"我""吾""尔"有了势力，并呈规范趋势，"你""他"也已产生；指示代词"这""那"构成了新的指代体系，取代了上、中古纷繁的指代体系；疑问代词出现了"什么"和"争"（怎），由此引出一套新的疑问代词，从而奠定了现代汉语疑问代词体系的基础；动词词尾"了""着""过"已齐备，建立了汉语的准时态范畴；由于"得"字的虚化，动词借助于"得"带复杂的补语；形容词词尾"底""地"的产生使形容词充当定语、状语和谓语的功能更加明显；副词在淘汰了一批的同时，又扩大范围并新产生了一批表示时间、范围、语气、程度等的词；语气词发生了更迭，出现了一套新语气词，分别表示直陈、疑问和祈使。

从句法来看，汉语的几种基本句式在唐代进一步成熟，如系词句末不再出现"也"，其否定形式用"不是"，被字句中出现施事词，其动词可以带宾语；汉语的处置式在唐代产生；趋向补语日趋完善，结果补语可以带"得"字复杂化。总之，一系列新的语法形式渐占优势，从而奠定了近现代汉语的语法基础。

唐代是中国古代汉语转变为近现代汉语一个极为重要的阶段。从上面概括的叙述，我们可以看到转变的结果是汉语表达系统克服了上古汉语过分简略和表达相对模糊的缺点，使汉语语法系统完善化和表达精确化，这是汉语的一次部分质变。唐代汉语已奠定了近现代汉语语法基础，唐代语法系统的完善化和精确化及各种新语法成分的活跃，再加上西域胡人乐曲的传入带来异族语言的语法因素，使比较接近口语的诗歌体制在七言诗全盛之时开始寻找更自由、更富有表现力的新形式。在曲子词的冲击下，经过文人加工定型，出现了词的形式。词的句式长短不一，韵脚疏密相间，节奏张弛并举，情感细腻跌宕，由于其语言与口语更为接近，因而受到人们的欢迎，富有旺盛的生命力。现存的敦煌曲子词基本上是民间艺人所作，它是词的雏形。

这里三言、四言、五言、六言、八言皆有，与过去较整齐的七言大为不同，相当口语化、通俗化，但不失和谐押韵。这种形式不能不对传统的诗歌产生巨大冲击，艺术本性在形式上是求新的。最初的文人试行给近体诗增减字数来形成长短句，还有人通过改变近体诗节奏造成长短句。如杜牧的《清明》原是一首七绝，有人改成这样："清明时节雨，纷纷路上行人，欲断魂。借问酒家何处？有牧童遥指杏花村。"由于采取了长短参差的句式，于是产生了新的情趣。到了宋代，词的形式已成熟，它完全跳出七言诗的寁臼，自成格局，气象万千，其句式错落有致，叠数也不限于双调。

宋以后，汉语的语法结构形式进一步复杂化与多样化，这为诗歌语言的自由多变提供了更大的空间。就句式来说，宋以后，名词谓语句大量用系词"是"表示多种语气；形容词谓语句中带"得"的补语日益复杂，结果补语形式多样，被动句用途扩大。由于各种结构成分的复杂扩大了句子容量，同时处置式、补语句、被动句等多种句式的结合运用大大丰富了句法形式，另外还产生了一批紧缩句、连字句、受事主语句、施事宾语句、复指句等新句式。

总之，各种口语的语法结构和语法形式进一步摆脱了一千多年来文言的束缚，得到了大规模的发展。中近古语法所发生的各种更替现象在宋以后更加巩固并有所发展。这一切使汉语表达更加精确化、严密化。

三、汉语诗歌音律特点与五四后的新诗

汉语古典诗歌的格律主要根据汉语语音的两个特点：第一，语素的单音节优势；第二，语素音节的声调变化。先说第一点。汉语语素以单音节为主，音节组合灵活。四言诗即四个音节一句，五言诗即五个音节一句，七言诗即七个音节一句。诗歌里的节奏，首先是两个音节一组或一个音节一组形成顿，一个顿是一个音义结合的自然组合。四言诗的组合是"二二"两顿；五言诗是"二二一"或"二一二"三顿；七言诗是"二二二一"或"二二一二"四顿。但并不是每一顿都相等，顿之间必有轻重，较重的那个顿称为"逗"。逗和顿使诗句音义关系的表现形式丰富化，同时也为诗歌节奏规定了一个固定的模式。凡是音节组合不符合这种模式的或者仅有顿而形不成逗的，都无法成诗。这也是中国古典诗歌民族形式的普遍特征。再谈第二点，声调变化。顿逗组合是中

国古典诗歌格律的骨架，而平声仄声（上、去、入）的变化是骨架上的皮肉。平仄的变化以其音乐性造成音调的和谐变化。对于平仄的不同，古人有不同的解析。平声与仄声是阴阳之比，是长短之比，是缓急之比，是重轻之比，是扬抑之比。在不同的音节（声母与韵母的结合）与不同的顿逗中表现有所不同，又因语义的不同有所变化，这就为诗律表现诗意提供了广阔的空间。印欧语只有语调的变化，汉语除了语调的变化，音节还有声调（旋律）的变化，这就增加了美感。听惯了印欧语的人忽然听到汉语的朗诵，就会产生一种特殊的美感。汉语的声调是后起的，是中古时的产物。中古时出现了四声，所以才产生四声的理论。从演变的规律来看，上古汉语在发展中，音节里大量辅音韵尾纷纷失落，并由音段成分转化为超音段成分，如喉塞韵尾失落后转化为中古汉语的上声，擦音韵尾失落后转化为中古汉语的去声。随着声调的产生，对声调的认识也逐渐深入，诗歌的节律因而发生了重大的变化——由注重韵律形式转而建构声律形式。先秦时代的诗歌，韵律节奏特别发达，表现形式也十分丰富，有所谓句句用韵、偶句用韵、交韵、抱韵、迭韵、遥韵等多种韵式。而只有到了中古汉语时代，语音上具备了声调系统，才使诗歌得到了长足的发展。由此可见，近体诗的声律模式是汉语史特定历史发展阶段的产物。诗歌形式的递嬗植根于语言性质的演变。

　　以汉语句式的逐步多样化、表达手段逐步丰富化的特点为依托，加上平仄声调对比趋于淡化，轻重音对比日趋重要和大量新的虚词的出现，汉语诗歌从唐诗到宋词，再到元曲，出现了逐步散文化的趋势。现代诗歌的状况是这种散文化趋势进一步发展。不少人强调七言句式和平仄声调对比是诗歌民族形式的重要特征，认为现代诗歌只能循这条路走下去，这是带有一定主观色彩的，至少是没有注意到现代汉语轻重音对比日趋重要和双音节词日益重要的趋势。笔者认为，现代诗坛上的七言体民歌虽然仍有生命力，但它带有更多的"承前"因素，而以双音节结尾句为主的自由体则带有更多的"启后"因素，只要诗人有一定功力，两者可并行不悖，各有千秋。但后者与现代口语更为接近，具有广阔的前景。

五四以来，诗人闻一多等提出，在自由诗存在的同时建立句式整齐的格律诗的任务，并以自己的创作作了尝试。如果能创造出几种被人们普遍接受的格律，那么这对新诗的繁荣肯定是有利的。这里笔者想补充的一点是，根据现代汉语的特点和诗歌散文化的趋势，新诗的格律可以是句式大体整齐的，也可以是句式参差不齐的（有点像宋词那样的），这样可能更适合现代人表达跌宕复杂的思想感情，读起来也显得活泼，开合自如。总之这种"游戏"应该是符合现代汉语的特点的，又是有一定规则的。当然，诗歌格律的创造主要还是靠诗人们的实践，最后约定俗成。

第五章

汉语言及其文化内涵

第一节　汉语言风格类型的文化特征

认识和确定汉语言风格类型，是研究者对客观存在的汉语言风格形态的主观升华，其中必然受到研究者的文化观的影响和制约。各种类型的语言风格是文化的凝聚体，各类风格的差异实质上是文化意蕴的差别，所以要正确认知和理解汉语言各类风格的本质特征及其生成和运用的规律，就必须借助文化宝镜。

一、汉语言表现风格和语体风格

（一）汉语言表现风格

1.汉语言表现风格的文化含义

表现风格是一个总称，根据表现的异同，它可以分为若干组并列而又两两对立的类型：豪放和柔婉、简约和繁丰、含蓄和明快、藻丽和朴实、幽默和庄重等。这是汉语言风格文化传统所公认、所推崇的优秀的表现风格。它们既有区别，又有联系，各组之间是"相生"互补关系，每组的两者之间是"相克"对立的关系。这是一个由若干并列而又两两对立的风格现象组成的矛盾统一体。它植根于中华文化，富有文化意蕴。例如，表现风格作为从一切言语交际的话语气氛和格调中抽象概括的统一体，就是中国哲学整体的综合层次理论，是普遍联系与整体考察观点的反映。又如，表现风格的各组类型都是两两对立而存在的，它们的定义方法就是中国哲学中万事万物都是两两对立而存在的这种辩证思维的折射。再如，表现风格的存在方式是两两对立而成整体，事物发展到一定阶段，条件成熟就会发生质变，事物就会向其相反的方向变化，即物极必反。因此，表现风格的每一组对立之间，必有一个适度的问题，超过了某一限度就会适得其反。对此刘勰在《文心雕龙》中有辩证论述，如《隐秀》中的"或有晦塞为深，虽奥非隐"，说明深奥导致晦涩难懂，而并非真正的深隐风格，这就需要掌握一定的尺度，超过度量的界限就会流于"朦胧晦涩"，使人不能领会其中的奥妙。但是如果"隐"得不够，又会流于"浅露直率"，使人读后觉得缺乏余味。因此，表现风格的创造和运用必须注意适度得当。现代学者的所谓繁简得当、隐显适度、华朴相宜等，便是对刘勰的适度观点的继承和发展。中国古今学者对表现风格两两对立体既可和谐统一于整体，也可循着对立面转化这种关系的认识，便是中华民族和谐统一的宇宙观和辩证思维机制的体现。

2. 汉语言表现风格形成的文化导因

（1）表现对象。表现对象即被表现的客观事物，亦即表现的思想内容"意授于思，言授于意"，思想内容是由表达主体对表现对象想象思考而获得的。思想内容决定语言形式，什么样的表现对象需要什么样的表现风格来表现，不同的表现对象决定了不同的表现风格，不同的表现风格对表现对象有不同的适应性。在表现风格生成和运用的过程中，表达主体选择什么样的客观事象，其自身的精神文化如何作用于客观事象使之成为意，选择哪种与意相应合的辞，构织什么样的言语作品，呈现出什么样的格调，都受到民族文化的制约。

（2）交际主体。交际主体包括个体和群体，个体表达者的表现风格是语言的个人风格，个人风格的形成和运用都会直接受到表达主体、接受主体自身的文化因素及其相互关系的影响和制约。群体表达者的表现风格如语言民族风格、时代风格等是共性风格，语言的民族表现风格、时代表现风格生成和运用的制导因素是民族群体的文化个性、时代群体的文化个性。但群体总是通过代言人来体现的，群体的代言人要受群体的文化共性制约，但其本身的个性文化因素也起作用。

（3）交际语境。交际语境包括言内语境和言外语境，言内语境属语言文化，言外语境包括多种因素，而其中社会文化环境和自然文化环境对表现风格的生成和运用尤其起着决定性的制约作用。对此，前面已有专题论述，此处不再赘述。

（4）表现风格的生成要受到交际语体制约。哪种表现风格适用于哪种语体，哪种语体对哪种表现风格是开放的，哪种语体排斥哪种表现风格，都是客观存在的语体文化规律。任何人运用语言生成表现风格，除了特殊需要而有意超越语体规范采用变体手段外，一般都要遵从语体表现风格规约，否则就不得体。

（二）汉语言语体风格

1.语体风格的文化含义

语体和风格是两个不同的术语，各有不同的含义。前者是适应不同交际领域、交际内容、交际目的、交际对象和交际方式的需要，而运用全民语言所形成的言语特点综合体，即交际领域文化和语言文化融合成的语用范式；后者是言语交际者在主客观因素制导下，运用全民语言所形成的言语特点综合显现出来的格调和风貌，即主客观文化和语言文化融合成的美学态势。语体风格是语体的表现风格，是语体风格手段生成的风格特点综合呈现出来的格调和风貌。语体在语言运用中处于中间层面，语体风格是语言风格范畴中的一个重要类型，它在语言运用中跟其他类型的风格同处于最高层面。语体风格和语体是两种不同层面的语言现象，它们是上下位关系。对此，汉语言风格文化传统有许多精辟的论述。例如，魏朝曹丕《典论·论文》："盖奏议宜雅，书论宜理，铭诔尚实，诗赋欲丽。"晋朝陆机《文赋》："诗缘情而绮靡，赋体物而浏亮。碑披文以相质，诔缠绵而凄怆。铭博约而温润，箴顿挫而清壮。颂优游以彬蔚，论精微而朗畅。奏平徹以闲雅，说炜晔而谲诳。"

虽然风格和语体有着本质上的区别，但是形影相随，亲密无间，是同生共现共变的关系。风格会随着语体产生而产生，并随之变化而变化。依附在语体上面的美学形态风格的内在基础是语体。语用实际没有无语体根基的悬空风格，也没有无美学形态的裸语体。

2. 汉语言语体风格形成的文化导因

（1）交际领域。语体风格是个总系统，下面包括若干个子系统，即分语体风格。各种分语体风格并非同时产生，而是在社会文化发展过程中逐渐形成的。前面说过，原始社会文化不发达，交际范围狭窄，只有口头文艺语体风格。随着社会文化的迅猛发展，社会分工日益细密，人们认识世界的眼界迅速拓宽，社会交际频繁和复杂化，言语交际活动范围也就越来越广泛，逐步涉及诸如日常生活、公私事务、科学技术、政治思想、新闻报道、文学艺术以及广告传播等各种领域。言语社群或跨言语交流社群进入各种领域进行言语交际活动，都必须遵从其特定的语用文化规范，恰切地选用语言手段，构织语篇，生成语体，才能呈现得体或合体的语体风格；交际领域对于语体风格的行程是直接起决定性作用的外部因素，在特定的交际领域制约下，运用与之相应的语体风格手段，就会形成特定的语体风格。诸如适应口语交际需要而形成的谈话语体风格、适应公文事务领域交际需要而形成的公文语体风格、适应科学技术领域交际需要而形成的科技语体风格、适应政治思想领域交际需要而形成的政论语体风格、适应新闻传播领域交际需要而生成的新闻语体风格、适应文学艺术领域交际需要而生成的文学语体风格、适应广告传播领域交际需要而生成的广告语体风格，以及两种或多种语体风格融合而成的交融语体风格等。

（2）交际对象。人们在各个交际领域进行言语交际都是有对象的。要想收到理想的交际效果，就要求交际主体运用语言手段，除了要应合交际的语用文化规约外，还必须切合交际对象的文化特点。不同的交际对象有不同的文化特点，文化特点不同，对话语的接受要求也就有所差别。因而交际对象对语体风格的形成也是直接起制约和影响作用的客观文化因素。交际对象千差万别，但在特定的交际领域里进行言语交际活动，其交际对象都是十分明确的。例如在日常生活领域，无论是聊天还是通过电波传递信息，都是向特定的听者讲话的；又如在公私事务领域，无论是制定法规、发布命令、签定约据，还是发函电，都有其特定的群体或具体个人；再如政治思想领域，无论是党政领导人讲话，还是报刊社论、评论员文章，虽然都是以群体为对象，但都十分明确。在不同的交际领域、不同交际对象的制约下，选用的风格手段是不同的，由不同风格手段生成的风格特点和格调气氛就明显有别。即使是同一交际领域，受制于不同的交际对象所形成的分语体风格也有大同小异之别。例如同为科学技术交际领域，而受制于交际对象——专业人员或具有相当科学知识的人所生成的专门科技语体风格与受制于交际对象——非专业人员或不大熟悉这门科学的人所生成的通俗科技语体风格有别；同属广告传播领域而受制于交际对象——男女老少有别，都会风格有异。

（3）交际目的和任务。在任何交际领域跟任何交际对象进行言语交际活动，无论说什么、写什么，或者明法、传令，使读者听众知晓和执行；或者探求、交流、传播科学技术，使对方理解某种科学技术现象和科学技术知识；或者发表政治观点、宣传路线方针，动员对方接受和行动；或者传播有价值的新鲜信息，以满足社会公众的全面信息的需要；或者反映现实、描绘自然、抒发情怀，使人受到感染、熏陶和教育；或者传递组织、商品、劳务信息，以满足社会公众消费、咨询的需要等。在不同的目的任务制约下运用语言，形成的语体风格就有所不同。例如以反映现实、描写景物和抒发感情，使人获得美学享受和教益为目的任务而形成的文学语体风格，跟以交流、传播科学技术信息，使人增长科技知识为目的任务而形成的科技语体风格必然迥异，跟以明法传令，使人知晓和执行为目的任务而形成的公文语体风格也明显有别。所以运用语言生成语体风格必须有的放矢，受交际目的任务的制约。

二、汉语言民族风格和时代风格

（一）汉语言民族风格

1. 汉语言民族风格的文化含义

汉语言民族风格是指一个民族运用民族语言所形成的言语特点综合呈现出来的气氛和格调。

风格手段既有主要来自语言要素的，也有来自超语言要素的。风格手段不等于语言要素。语言要素的特点，既不同于利用民族语言要素而生成的风格手段，更不同于使用风格手段而综合表现出来的言语民族风格。高名凯说："语言风格（更正确地说，言语风格）既然是在特殊的交际场合中为着适应特殊的交际目的而对语言的运用所形成的言语气氛和格调，语言风格手段系统（更正确地说，言语风格手段的系统）既然是语言所具备的用以构成言语气氛或格调的风格手段和一些非语言的风格表达成分的总和，我们就不能把语言风格理解为与别的语言有所不同的某一语言的特点。"①语言的民族风格不是指语言体系本身的特点。语言民族风格与语言民族特点是本质不同的两种语言、言语现象，不能把汉语体系自身构造的特点看作是汉语言民族风格，但二者又有着非常密切的关系。语言的民族特点为语言的民族风格的形成提供了重要的物质基础和必要条件，因为民族风格表达手段主要是

---

① 张剑桦.论语言风格的要义[J].山西师范大学学报（社会科学版），2001（4）：104-108.

从语言的民族特点引发而来的，或者说是运用和生发了语言的某种民族特点的结果。例如，汉语中利用语音的特点生成的同韵相协、平仄交错，利用单音节词、双音节词的特点构成的"四字格"和对偶、顶真，利用语序的特点构成的常式句和变式句等，都是富有汉民族色彩的风格手段，将它们巧妙地用于特定语体的话语中，就能体现出鲜明而优美的汉民族韵味。运用语言创造风格，如果离开了本民族语言结构的特点和独特的美感，去追求什么语言风格美，就不会结出具有乡土气息和民族风味的果实了。

2. 汉语言民族风格形成的文化导因

（1）物质文化根基。物质文化是指人改造自然界的物质生产的活动及其产物，它具有获取与创造的功能，是整个文化系统的基础和发展动力，有着具体可感的存在形态，如衣食住行的文化，以及与人们生活十分密切且经过人们创造或融入思想感情的自然物，如园林、山川、河流、动植物等所表现出来的文化。存在决定意识，先意后辞，辞不能凭空而发，必须以物为根，先有物态文化，才有表现物态文化的语言表达手段，物态文化是语言民族风格的根基。中华民族特有的物态文化非常发达，由于反映特有物态文化的需要，汉语便产生了丰富多彩的属于特有物态文化范畴的语言手段，如桂林米粉、马蹄糕、烧卖、云吞、烤羊排、东坡肉、中山装、唐装、旗袍、马褂、长衫等，它们都是汉语里根基于物态文化的语言手段，是中华民族利用自然条件而创造出来的有形实物的语言文化成果。它们或为名词术语，或为熟语，或变异作修辞格，但都有鲜明的民族色彩；或庄重典雅、或蕴藉、或简明、或华美、或朴实，可作展现汉语民族风格的重要手段，用于各种语体，生成各种表现风格。

（2）制度文化背景。制度文化是指渗透了人的观念的各种社会制度以及有关各种制度的理论体系、行为方式及礼仪风俗，是人们规范自身行为和处理个人与他人、个体与群体关系的准则。而语言风格作为人们运用语言而生成的格调气氛，也必然受到制度文化的影响和制约。汉语里，很多风格手段都是在制度文化背景下生成的。它们无论是体现政治文化、经济文化、教育文化、婚姻文化还是民俗礼仪文化，也无论是直用本意还是变异用引申义，都有汉民族特有的文化信息和风格信息，可作呈现汉语民族风格的表现手段。

（3）精神文化导因。精神文化是人们改造主观世界的活动方式及其产物，包括思维方式、心理状态等，它处于文化系统的核心地位，对人们的言行举止直接起指导作用，诸多汉语民族风格手段是在精神文化指导下生成的。它们生成的文化导因都是汉民族的精神文化，是展现汉语言民族风格的常见手段。

（二）汉语言时代风格

1. 汉语言时代风格的文化含义

汉语言的时代风格，是汉民族在同一时代文化因素指导下，运用汉语言的各种特点而呈现出来的风貌格调，是汉语言民族风格的"时代变异"语言，是一种主要由时代的物质文化、制度文化、精神文化和语言文化因素形成的风格类型。同一民族同一时代的人们，由于共处在相同的时代文化条件下，在语言运用上受着相同的社会文化环境的制约，往往有许多相同或相近的稳定性特点，表现出相同的时代风貌；不同时代的人们，在物质、制度、精神文化等方面都有差异，这些差异反映到语言文化运用上，便会呈现出不同的时代风格。

2. 汉语言时代风格形成的文化导因

（1）物质文化导因。物质文明即物质文化，是语言产生以及对其运用所生成的语言风格的物质基础和动力。物质文化是个系统，但不是一朝即成的，而是在人类社会历史进程中逐渐形成的，又随着社会时代的发展变化而发展变化，任何一种物质文化现象都无不脱胎于特定的时代土壤，带有特定时代的特点。为适应具有时代特点的物质文化的需要，而运用语言所生成的风格，必然烙有特定时代的印记。

（2）制度文化和精神文化导因。制度文化和精神文化也会影响到语言风格的生成和发展变化，也是语言时代风格生成和发展的指导性因素。中国原始社会早期是"狩猎游牧，群居杂婚"的母系氏族社会，后来，畜牧业和农业经济逐渐代替了狩猎经济，游牧生活逐渐转为定居生活，男子与妇女劳动的比重起了变化，男子的经济地位逐渐提高，人们的思想意识、价值观念、心理状态发生了变化，母系氏族社会逐渐转化为父系氏族社会。源于此制度文化和精神文化导因，汉语里产生了不少蕴含着原始社会制度文化和心理文化的语言现象。1949 年 10 月 1 日，中华人民共和国的成立标志着中国新民主主义革命的基本胜利，封建主义压迫、帝国主义侵略、国民党反动统治被埋葬，开创了中国历史的新纪元。从此，中国进入了新民主主义社会和社会主义社会，这个阶段开始至今，经历了各种既有联系又有区别的政治、经济、教育、思想、文学艺术、社会风尚等文化运动。根植于这些特定的文化运动，汉语里新生了数不胜数的烙有新时代印迹的风格现象。

三、汉语言的地域风格与流派风格

（一）汉语言的地域风格

1. 汉语言地域风格的文化含义

语言的地域风格早已存在，但对其研究甚少，王德春主编的《修辞学词典》给"乡土风格"下了定义，概述了其形成的语言基础，说："乡土风格是言语作品中所表现的地域特征的综合。乡土风格的形成以方言的运用为基础，各种方言作品、民间文学具有相应完整的地域风格……在使用标准语的言语作品中，由于表述的需要，有规律地使用方言的词汇、语法结构等等，也会带有乡土风格。"①郑颐寿主编的《文艺修辞学》论述了"什么是文艺修辞的地域风格""文艺修辞地域风格的表现"。②借鉴传统的地域文学风格论与现代语文学家、修辞学家、文学史家的研究成果，我们认为语言地域风格是语言民族风格的地域变异，是同一地区的人们在地域文化和自身的个性文化指导下运用地域语言的特征综合呈现的格调风貌。这个定义包含以下文化含义：地域风格是地域群体的共性风格；地域性是地域风格的本质属性；地域文化是指导地域风格生成的客观因素；语用主体自身的个性文化是指导地域风格生成的主观因素；地域语言是地域风格的物质表现；格调风貌是地域风格的美学升华。

2. 汉语言地域风格形成的文化导因

（1）地域文化。地域文化包含精神文化、制度文化、物质文化等，对形成地域风格起到重要作用。我国地域宽广，地势环境丰富多样，各地区的精神、制度、物质等文化发展水平良莠不齐，自然形成不同的地域文化。不同地域中的人们在生活过程中必然会受到当地地域性文化信息的影响，在日常生产、语言交际等过程中会不自觉地渗入地域文化因素，所以在语言风格上必定会出现一定程度的地域特点，如地域文化特点造成了汉族南北语言地域风格的不同。赵树理和老舍都是追求文学语言大众化、中国化的现代卓越作家，但是两人的作品因受不同地域文化的影响，展现的语言风格则拥有不同的地域特色。赵树理出生于山西普通农民家庭，在本地上学、工作，并向劳动人民学习，是三晋文化和山西土地养育出来的地地道道的山西人。他热爱山西劳动人民，热爱三晋文化，热爱山西。因此，他的小说的语言风格，把山西

---

① 王德春.修辞学词典[M].杭州：浙江教育出版社，1987：163.
② 郑颐寿.文艺修辞学[M].福州：福建教育出版社，1993：336.

的地域特色展现得淋漓尽致。老舍出生于北京，自小受到北京环境和文化的熏陶，他热爱北京，北京地域文化给了他艺术生命，其毕生的艺术追求是写好北京。因此，他的剧本和小说所用的语言大部分来自北京方言，写着发生在北京的事，作品的语言拥有浓郁的"京味儿"，地域色彩非常浓厚。

（2）语用主体文化。语言使用者自身的个性文化是指语用主体文化，是形成语言地域风格起到引导作用的主观因素，包含审美追求、性格爱好、文化素养、生活经历、价值观念、思想感情等。就生成语言地域风格而言，地域文化是根本因素，但不是唯一因素。若是唯一因素，那么同一地域文化孕育出来的语言地域风格就会相同或相似了。语用者的推介或引导才能实现地域文化在语言地域风格形成中的指导作用。地域文化对语用者构建语言地域风格有极大的影响，但语用者对其影响有主观能动性。一个语用者"是否接受一个地方的地域文化的影响，接受哪种类型的地域文化的影响，或者说，在哪一种层面上、哪一种程度上接受一个地方的地域文化的影响"①与他的个性文化是有密切关系的。语言风格因地而异，又因不同的语用者而有不同的个性表现。语言的地域风格既包含地域文化，也包含语用者的个性文化，是地域文化与语用者个性文化相互融合的结晶。

（二）汉语言的流派风格

1. 汉语言流派风格的文化含义

文学流派、文学流派风格以及语言的流派风格等密切相连，但它们之间也有不同之处。在一定历史时期里，文学作家们因艺术风格、审美情趣、创作方法、文学观点、思想倾向、政治立场等文化因素相似或相同，从而自觉或不自觉形成的文学派别就是

---

① 曾大兴.文学地理学研究 [M].北京：商务印书馆，2012：26.

文学流派。通常有了文学流派，就意味着有文学流派风格的展现。语言格调、表现方法、形象塑造、主题提炼、题材选择、创作主张、审美趣味、文学观念、思想感情等方面相近或相同的作家在文学创作上所形成的综合展现出来的共同特色、格调风貌就是文学流派风格。它是一种群体文化的文学体现。如我国古代文学史上的桐城派、公安派、江西诗派、高岑派、王孟派，现代文学史上的新月派、现代评论派、鸳鸯蝴蝶派、创造社、文学研究会等都在各自的流派文化指导下形成了自己的文学流派风格。

相同流派的作家，有流派共性风格，也有个人独特风格。以个人风格为基础逐步形成了流派风格。文学的语言流派风格来源于文学流派，在语言文化的运用上，同一个文学流派有共同的特点，从作家语言风格的共性角度而言，形成风格体系时可以说是语言的流派风格。文学流派风格中最重要的组成部分是语言的流派风格，其从属于文学流派风格，但又有所区别。从文艺学的角度而言，不同的文学流派在各自的流派文化指导下，所创作的文学作品展现出的文学格调风貌是指文学流派风格；从语言学的角度而言，不同的文学流派在各自的流派文化指导下，所创作的文学作品展现出来的格调风貌就是语言流派风格，是与语言地域风格、地域文化相关的，源于时代文化、民族文化，是受语体风格规范、时代风格、语言民族风格影响的群体性风格现象。

2. 汉语言流派风格形成的文化导因

（1）流派文化。文学流派成员的语用观、审美观、文学艺术观、哲学观、人生观相似或相同的文化因素是指文学流派文化。这对形成语言和文学流派风格而言，起到直接指导作用。从古至今，形成我国各种语言和文学流派风格的原因是流派文化的差异。如"文彩派"的曲辞格调藻丽，运用雅语较多；"本色派"的曲辞格调朴实，运用口语较多，这些差异的出现是不同的流派文化所导致的。"新月派"是现代文学史上著名的文学流派之一，从徐志摩开始，非常讲究格律，之后陈梦家等仍然坚持在追求格律的道路上前行。

（2）流派成员的个性文化。文学流派的形成总有其相同或相近的流派文化基因，随之而来，一般也有共同的文学流派风格和语言流派风格，但流派各成员的文化观并不完全一致，而是各有个性，因而在流派的共同风格之下，又有个人风格特点。例如清代著名的文学流派——桐城派，其主要成员方苞、刘大槐、姚州都讲古文创作，他们讲的古文创作既与明代七子派"文必秦汉"、模仿秦汉文的语言格调有别，也与明代唐宋派的模仿唐宋文的开阖首尾、经纬错综之法有异，但各人的见解不尽相同，语言格调各有特色。方苞提出"古文义法"，重在文以明道，按照明道的要求是义，根据这个要求来取材谋篇是法，所以法随义转。刘大概提出了"因声求气"，讲写古文重在文，讲神气，即讲求古文的艺术性，认为作品能够表达神气，就是具有自己风格的作品，就是具有艺术的作品，就是成功的作品了。历史上同一流派的成员由于个性文化不尽相同而导致的个人风格不完全一致是一种普遍现象。因为实际上，文学流派风格和语言流派风格都是共性风格和个性风格的融合现象，其生成和发展变化的动因是流派共性文化和流派成员个性文化的统一体。因此，要正确认知和解释文学流派风格和语言流派风格生成发展变化的根源，揭示其语用文化的规律，就既要着眼于共同的流派文化，也要着眼于流派成员的个性文化，不能有所偏颇。

四、汉语言的个人风格

（一）汉语言个人风格的文化含义

语言的个人风格是一种在主客观因素制约下由个人文化因素造成的个性风格，是个人创造性地运用本民族的语言的各种特点综合呈现出来的格调和气氛。这个定义包含的文化内涵是：①主客观文化机制相互融合而生成的独特的个性风格是语言个人风格，它在言语作品和个人言语活动中广泛存在，包含非文艺作家、文艺作家、书面、口头等；②时代、民族、语体等风格是语言个人风格的基础，但其本质是个人文化因素；③因每个人的文化因素不同，所以写文章或说话时，每个人风格不同，有鲜明程度高低的区别，有定型和不定型的区别，语言个人风格越独特、显著、鲜明、定型，就会拥有更独特鲜明的语言个人风格，这是使用语言成熟和语言修养高的标志，是让言语作品的思想内容能够完善表达的一个重要条件；④语言个人风格是语言文化的表现风格，是个人创造性综合运用语言文化风格手段的美学形态的升华。

（二）汉语言个人风格形成的文化导因

汉语言个人风格是文化复合体，既蕴含着客观文化或外部文化成分，也含有主观文化或内部文化元素，前者是基础部分，后者是本质部分。它生成的导因既有共性文化因素，也有个性文化因素，而个性文化因素是体现特质的因素，是使不同的语言风格相互区别的根本性东西。语言修养品位高者，他们的文学语言是有个性的，这个性就构成了他们各自的独特风格。优秀作家写文章和创作文学作品时总是努力追求独特的个性。

秦牧在《花城》后记中就明确表示："我在这些文章中从来不回避流露自己的个性，总是酣畅淋漓地保持自己在生活中的语言习惯。"峻青也说："我一生追求创造有自己风格的优美的语言，也就是要有自己的朴素美。"具有独特语言风格的作家运用语言都有鲜明的个性，这个性的导因就是其个性文化。个性文化，如前面所说，包括思想意识、心理状态、价值观念、性格、生活经历、兴趣爱好、审美情味等。在这些因素的指导下运用风格手段构织话语，展现格调气氛，会呈现出鲜明的个性。这可以用富有语言修养的作家作品佐证。伟大的作家，在不同的历史时期，由于个性文化有变化，语言个人风格也呈现出不同的特点。由于个人文化因素不同，即使是在同一民族、同一时代、同一题材，甚至同一题目，不同作家作品中也会体现出不同的个人风格。同一民族、同一时代、同一流派甚至同一流派的父子、兄弟的作家作品，由于个性文化不同，也会在共性的基础上，呈现出自己独特的个性。

第二节　从文言文到白话文的嬗变

春秋战国时期，记载文字用的是竹简、丝绸等物，但是用竹简和丝绸记载文字有很大的弊端，竹简过于笨重，而且记录的字数有限。用丝绸记录，价格又过于昂贵。为了能在"一卷"竹简上记下更多事情，或节省一块丝绸，书写时常将不重要的字删掉，久而久之，这种习惯就固定了下来。这种书写习惯的特征是以文字为基础来写作的，主要注重典故、骈俪对仗、音律公正且不适用标点。在历朝历代来往的公文中，这种习惯一直延续不断。

一、白话文发展的雏形

唐朝时，汉语中的口语有了较大的变化，书面上的语言分为两种：一种是模仿上古汉语书面文献的书面语，称为"文言文"；另一种是在当时口语的基础上所形成的书面语，称为"古白话"。唐代文学家韩愈提倡散文，反对骈体。骈体起源于汉魏，成熟于南北朝，讲究对仗与声律，四字六字相间，称为"四六文"。韩愈反对这种注重形式、表意自由的文言散文，使文体恢复到未受骈体束缚以前的时代。唐朝时，寺庙宣传佛教，用讲故事的方法吸引群众。通常情形是讲故事的人一边展示图画，一边说唱故事。图画称为"变相"，说唱底本称为"变文"。有散文韵文相间的，有全部散文的，这是早期的古白话写就的。

宋代的"语录"也是一种早期的白话文学。起初，禅宗佛徒记录师傅言谈，用口语体。后来，宋代理学家程颢、程颐的门人也用口语体记录老师的言论。"语录体"是一种古白话文。宋元年间的说书人说故事的底本称为"话本"，"话"是故事，"本"是底本，分为小说和讲史两类。前者多为白话短篇，而后者是浅近文言的长篇。

唐宋时期，文言与古白话有了一定的差别，而与口语差别就更大了，文言只作为书面上的语言来使用，与普通百姓的距离越来越远。在古代，要表述同一件事，用"口头语言"和"书面语言"的效果也是不同的。人们把用文言文写成的文章称为文言文，明清八股、唐宋古文、史记散文、两汉辞赋、先秦诸子等都属于文言文的范围。

与文言文相对的是白话文，白话文是指用直白的、常用的口语写成的文章。白话文和文言文在元明清时期并行存在，有在当时口语的基础上形成的古白话，如《红楼梦》《西游记》《水浒传》等；也有模仿上古的书面语，如桐城派的散文。在民间，古白话虽然广泛传播，但是文学的主流还是文言文。清代晚期开始有意识地提倡白话，兴起了被称为"新文体"的"通俗文言文"学者黄遵宪引俗话入诗，反对崇古，他在1868年写的新诗，是文体解放的开路先锋。陈荣衮第一个明确主张报纸应该改用白话文；王照更声明自己制定的官话字母，只拼写"北人俗话"，不拼写文言。同时，他们还积极写作通俗浅显的文章。梁启超最先向霸占文坛的桐城派古文发起挑战，创制了"新文体"，用的虽还是文言，但平易畅达，杂以俚语、韵语及外国语法，已向着白话文迈出了第一步。接着白话书报在各地涌现，日渐兴盛，其中白话报纸有10多种，白话教科书有50多种，白话小说有1500多种。可是直到辛亥革命（1911）之前，还没有人自觉地去实现以白话文代替文言文这个重大的变革。从清代末年到民国初年，接连出现了几件可以决定文体改革方向的大事：一是科举制度的废除（1905）；二是辛亥革命推翻了封建皇帝；三是粉碎了袁世凯称帝美梦（1916），《新青年》发出提倡科学和民主、打倒孔家店的号召。思想的解放带来了文体的解放，觉醒了的广大人民群众，掀起了民主主义的浪潮，为白话文运动打下了群众基础。

二、白话文运动的成就

白话文运动的结果，使白话文在文学作品和一般学术著作的范围内取得了合法的、正统的地位。

（一）白话文运动的成就首先表现在白话文理论的建设上

1. 关于白话文代替文言文的学说框架有三条

（1）白话文为文学之正宗，为达到文言文的正统提供了历史的根据。

（2）用白话文做各种文章，让白话文成为通用的书面语，为白话文的推进提出了奋斗的目标。

（3）白话文以现代中国人的口语为源泉，为白话文的建设指出了正确的方向。

2. 关于文体改革的具体规划

（1）对散文文体改革的要求，胡适概括为 4 条主张：①要有话说方才说话；②有什么话说什么话，话该怎么说就怎么说；③要说我自己的话，别说别人的话；④是什么时代的人，说什么时代的话。

（2）对应用文文体改革的意见，钱玄同在《论应用之文亟宜改良》里，提出不少切实可行的主张，如改用白话；选取最普通的常用字；多义字只用最普通常用的一义；不许用倒装移置的句法；"书札之款式称谓，务求简明确当。删去无谓之浮文"；文中加标点符号；数目字改用阿拉伯字，"用算式书写"；改右行直排为左行横排；用世界通用的公元纪年；"印刷之体，宜分数种"；等等。

（3）对诗体改革的主张分为两派。一派由钱玄同、胡适带头，提倡"自由体"；另一派由宗白华、闻一多带头，主张"格律体"。这两派对新诗的形式都做了认真的探索。

（二）白话文运动的成就，主要表现在白话文的作品上

白话文能否最终替代文言文，还要看具体写作实践。白话论文在五四时期，在批判旧思想、展现新思想上，起到了非常重要的作用。刘半农、钱玄同、胡适、鲁迅、陈独秀、李大钊等人的论文，语言风格有所不同，但是在说理上都有力量、逻辑、准确、清晰、明白等特点。这些特点与文言文相比，文言文不可企及。在文学上，诗歌、小说、散文等文体，都迎来了新的契机。其中1921 年郭沫若诗集《女神》的出版，以及鲁迅的中篇小说《阿 Q 正传》的发表，为白话文学打下了扎实的基础。《阿 Q 正传》是获得世界声誉的首部中国现代白话文学杰作。

五四白话文运动，是一个活泼的、前进的、革命的运动，它在文艺语言上宣告了文言文时代的结束、白话文时代的开始。数千年来，中国通用的书面语没有白话文的合法地位，只有与口语脱节的文言文才算正统。直到五四时期，才把这种反常的局面改了过来，开辟了一个白话文学的新纪元。这正好与中国社会在五四期间实现了从封建向民主的转变相适应。

由于历史的局限，白话文运动不可能迅速彻底地完成它的任务。直到第二次世界大战以前，政府的公文、法律、报纸的新闻等等，仍用文言或半文言。在文学作品上取得"正宗"地位的白话文，也夹杂着脱离人民口语的文言腔。但从五四开始，白话文的推行，已成了时代的潮流。中华人民共和国成立后，报纸、公文和法律都一律采用白话文。

第三节　独树一帜的方言文化

世界上使用时间最长的、至今通用的、最古老的语言之一是汉语，由汉朝而得名，是汉族的语言。在漫长的历史长河中，汉语历经了几千年的发展演变，记载着无数对古文明的传承，有着极为丰富的文化和历史内涵。

一、汉语方言的形成和发展

（一）汉语方言的形成

1. 方言差异的形成

方言差异的产生和积累是方言形成的首要条件，有了方言差异才能形成不同的方言。纵观汉语的发展历史，必须经历很长一段历史时期，才有可能产生和积累方言的差异，但不是所有的方言差异都能形成新的方言区，地域和时代两方面的条件决定着新方言的形成。

社会原因是形成语言分化、方言差异的主要原因。从汉语方言的情况来看，语言的接触、民族的融合、地理的阻隔、人民的迁徙、社会的分离等都是形成方言的主要原因。语言作为社会生活的纽带，当社会生活出现分离时，纽带也有可能出现分离，如莆仙方言是闽语中因社会分离而形成的典型的方言。截至20世纪70年代，这种方言使用人口不到300万，只在仙游、莆田两个县使用。莆仙方言处于闽东、闽南两大方言区的夹缝之中，但是保存着强烈的方言意识和鲜明的方言特色。这里的方言在宋代时还属于闽南方言区，闽南诗人和宋代莆仙诗人的用韵习惯基本相同。

方言是和一定地域相联系的。晋语的封闭性地理环境在北方官话中确是少见的，应该说是形成晋语的重要因素。但是地理环境总是受社会历史的制约。晋语之所以成为方言区，不仅因为它是一个大区或官话中的一区，还因为它有久远的历史和大量的人口，历史上它曾是人口输出地。相对而言，大西南及东北的一些山比太行山、中条山还高，但因为汉人迁入得迟（明清之后），所以形成的方言差异并不大，尤其是东北地区的方言反而离北京话更近。

（3）民族融合在多民族的中国历史上是大量存在的事实。从先秦的东夷、西戎、南蛮、北狄到后来的突厥、契丹、羌等等，历代的正史都有许多民族抗争的记载，而且都是用儒家"尊王攘夷"的思想写成的。事实上，数十个民族在数千年的历史中，有争战的时候，但是更多的时候还是和平相处的。许多民族各领风骚，都为建造中华民族的传统文化做出了贡献。在生活共处、血统相融的过程中，语言上也有许多相互吸收乃至相互混合的表现。

（4）语言的接触包括方言与共同语及方言间的接触，以及不同民族语言间的接触，由于语言接触和渗透而产生新的方言差异乃至形成新区方言，这也是常见的现象。江苏和浙江的吴语原本应该是比较相近的。

2. 语言系统的整合

方言是将方言差异根据一定的方式整合成新的语言系统，而不是胡乱排列方言差异。方言只有经历过漫长的差异性的产生和积累，再经历很长时间的整合，最终才能形成。有很多因素都可以造成方言差异，各个因素还有各自的复杂性，如在漫长的历史中，社会生活的分离结合。在移民史上，腹地人外徙，东部人西迁，北方人南下等，语言接触和民族融合也可能是多次发生、多方面参与的。这些不同历史层次、来源的语言特征，经历漫长的演变和发展，逐步组织成一个完整的结构体系即为整合。

3. 汉语方言的形成都是多层次多来源的

现存的汉语方言除了封闭于小地域的或不久前由于一次小批量的移民而形成的方言之外，形成都是多层次、多来源的，这是由方言形成的时空条件所决定的。方言差异的产生和积累要达到一定的数量才有可能形成方言区，其间还需要经历多次整合，因此需要比较长的历史过程，还要在一定地域内稳定地分布着。就算地域非常广阔，但是始终会与周边地区有来往，有了来往，方言就会相互渗透。就算不接触外方言，也会接触共同语，对于方言的形成和整合过程而言，接触各种语言都会起到推进作用。

（二）汉语方言的扩展和流播

1. 汉语方言的扩展

所有的方言区域形成之后，都会持续不断地调整和发生各种变化，而不是不再经历新的变动，固定在原先的地域。从整体上看，各方言在形成之后，因人口的自然增长，都会出现不同程度的扩展。此外，征战屯垦、官方组织的移民、外出谋生、民间自发移民等也是扩展的原因。

（1）造成方言的自然扩展的因素中，出外谋生是最为常见的，其中晋语和官话的扩展是最典型的方言区域的自然扩展。官话形成于长江中下游和黄河中下游的北岸，之后在明清时期扩展到西北、西南、东北地区，使用人口数亿，分布在数百万平方公里，成为汉语最大的方言区。其中最典型的谋生移民是河北、山东人移居东北（俗称"下关东"）。东北原是满人居住地，清初满人入关后即明令限制汉人出关垦殖，直至太平天国革命之后才废除禁垦令。这时河北、鲁西大量人口出关进入三江平原，胶东人渡海登上辽东半岛。山西人向内蒙古草原移垦也是因为人口爆满，加以天灾人祸，生态破坏，难以维持生计，于是"走西口"，从营商到定居，把晋语带到了口外。

（2）移民迁徙谋生的基本原因是资源不足，人满为患。在古代，百姓的生产力非常低，假如遇上天灾人祸，人口流动便会急速增加，于是自然而然地扩大了方言的自然扩展。这类移民通常都是逐步转移，就近迁徙，若行之有效，则越走越远。

（3）汉语方言的扩展受到官方组织的征战和屯垦的影响非常大，征战和屯垦是官话扩展到西南和西北的主要原因。明代沐英镇守云、贵和江滩一带，说官话的人大量在那里屯垦。在四川则是清代初年官方组织的移民，顺治十六年清军攻克成都，同年占据全川，次年即"严督有司力行招徕劝垦"，其后，又有计划地抽拔兵力屯田，鼓励官吏招垦以受禄，"于是浮民客女随地占籍者，遂相属不绝于道"。

2. 汉语方言流播的方式

（1）延伸型。向方言区边界就近移民扩展造成方言区域的延伸，这种类型往往见于民间自发的长时间小批量的移民。冀鲁人下关东，山西人走西口，江西人填湖广，过武夷入闽北，浙江人下浦城，吴语区的人入崇明，过江北或江淮官话区的人渡长江入徽州府，都属于这种情况。这种就近延伸常常使方言区城形成半岛状，突破了行政区划界限或山河的阻隔。这就是方言分布和行政区域分界或山水的分界往往不能完全密合的原因。

（2）穿插型。这是常见的小批量向区外移民的方式，这种区外移民可以是官方组织的驻军或屯垦，也可以是民间自发的。若这类移民保留下来原籍的方言，就形成了大大小小的方言岛或方言群岛。

（3）填空型。不管是民间自发的，还是官方组织的移民，分布地域多大，移民人数多少，只要移民到人烟稀少的地方聚居、垦殖、拓荒，将方言带到异地都属于这个类型。如江淮间移民沿长江进入云贵川，华北一带屯垦者过河西走廊入疆，将官话（含晋语）撒向四周国土的，基本上都是填空型移民。

（三）汉语方言的演变和发展

1. 变异和整合的交替

不但方言形成阶段有变异和整合的漫长过程，在整个存活的过程中，也存在着变异和整合的不断交替。只要是存活在社会交际生活之中的方言，就必然要经常发生各种变异。在方言演变之中，变异是部分人的创新，整合是社会的认同；变异是个体的变化，整合是结构的调整。总之，变异是量变的积累，整合是质变的飞跃。变异是方言差异的产生、扩展或缩减；整合则是方言差异的成立或淘汰。任何方言都是在这种变异和整合的不断交替中向前发展的。

2. 影响方言演变的因素

（1）人口稀疏的小方言区通常受到各种冲击，从而导致分歧大、变化快；相反，人口密集的大方言区变化慢，内部差异小。如闽语地区的闽中、闽北区域小、人口少，内部分歧大、变化快；闽南、闽东区域大、人口多，因而内部统一，变化慢。南片吴语和北片吴语的情况也与此相似。

（2）由于方言间的相互渗透，方言区域的边缘地区通常变化快，但中心地带语言变化慢，这种现象在各个方言区都会出现。

（3）在共同语普及的地方，能通共同语和方言的双语者多，方言受共同语的冲击大，因而变异也快，方言特有成分消磨得也快；在共同语不普及的地方，方言往往比较稳定、保守，变异也就小。湘赣方言区属于前者，闽粤方言区属于后者。

（4）多语地区、双语、双方言地区比起单纯的方言区显然变得快。广西境内的西南官话因为同壮语形成双语，与"白话""平话"以及客家话等形成双方言区，因为变得快，彼此差异也大，所以远没有云、贵、川的西南官话那么一致。

3. 汉语方言的发展趋势

明清之后，城市逐渐兴起，商业流通加剧，手工业作坊扩大，开始有了资本主义经济的萌芽。走南闯北的人多了，能读会写的人也多了。宋元以来的官话方言逐渐形成了大江南北、黄河上下通行的共同语，并且出现了大批用这种口语写成的小说和戏曲（北戏及南戏）。一个共同语，一批口语加工而成的文艺作品又适应了市民阶层的需要，推动了城市文化的发展。在这种情况下，虽然各区方言还会有创新，产生适应新的社会生活需要的方言成分，但是形成新方言的可能性较小，整个社会的语言生活是缓慢的，但却持续地趋向于统一。原有的语言分化的趋势减弱了，逐渐地让位给统一的趋势。正因为如此，不论是北方的山东、河北人下关东，山西人走西口，中原人过关西，还是南方的湖广人下西南，闽南人登上台湾、海南两个大岛，都未曾形成新的大区方言。而沿江南岸的吴语、徽语、赣语、湘语则受到江淮官话及共同语的影响越来越大，于是逐渐放弃了固有的方言成分。

语言的这种整化趋势，到了现代社会里，只会逐步增强而不可能削弱回头的，其根本原因依然是社会生活的需求。试想在经济一体化、经营社会化、技术现代化的浪潮之中，空间距离的意义日趋淡薄，而作为空间距离的附着物——地域方言则越来越成为人们交往和发展经济的障碍。不同方言区的人面谈尚可借助身手的比比画画，达到沟通的目的，但电话里，方言太重就无法交际了。方言的萎缩、语言的统一成了任何人都无法阻挡的现代潮流。

二、常见的汉语方言

汉语有很多种类的方言，如客家方言、粤方言、赣方言、湘方言、闽方言、吴方言、北方方言等。

（一）北方方言

宋元时期，许多汉人因各种原因来到了湖南北部、贵州、云南、重庆、四川、湖北、西北、东北、华北等地区，他们在这里安家立业，受当地语言的影响非常大，长期下来，拥有各地特色的北方方言逐渐形成。北方方言在江苏中北部、湖南北部、贵州、云南、重庆、四川、湖北大部、西北、东北、华北等地区流行。北方方言是使用人口最多的方言，遍及全国大部分地区，流行地区非常广阔，被称为官话方言，在许多方言中有着突出的地位。

官话方言在宋元时期逐渐形成，并分别在南北发展，分化成了南方官话和北方官话。南方官话分为江淮官话和西南官话；北方官话分为西北官话和华北官话。

江淮官话主要分布在南方东部，通行于南京、长江南岸镇江，江苏长江以北大部分地区，安徽长江两岸地区以及江西沿江地带，俗称下江官话。官话中语言现象比较复杂，内部分歧比较大的是江淮官话。其中与主流官话差异最大的是南通泰州一带的江淮，有 6 至 7 个音调。主要分布在南方西部的是西南官话，通行于湖北大部分地区，广西、湖南地区北缘地带以及重庆、四川、贵州、云南等汉族地区。虽然西南官话地域辽阔，但是内部比较一致，以成都话为代表。西北官话主要分布在北方西部，通行于内蒙古、宁夏、青海的一部分地区以及甘肃、陕西、山西等地，其代表为西安话。新疆汉族使用的语言也属于西北官话。主要分布在北方东部的是华北官话，通行于内蒙古、黑龙江、吉林、辽宁、山东、河南、河北、北京等地区，以北京话为代表。

（二）吴方言

周朝先祖周太王三子姬季继承王位后，周太王的长子太伯、次子仲雍带领族人南迁到江苏一带，在太湖流域建立了吴国，当地土著的语言和太伯及其族人的语言逐渐融合，形成了古吴语。古吴语在秦汉时期流传到东南地区形成闽语，吴语这一名称诞生于六朝初，指吴地的方言。吴语因西晋末大批北方人南迁而受到了北方话的影响。吴语在隋唐时，因国家安定兴盛，得到巩固、分化；在宋代时，已形成南北各片的基本状况。吴语的影响在明代，随着苏州经济文化水平的提升逐渐变大，并出现在大量的文献中，如冯梦龙的《山歌》十卷中，前九卷成篇使用吴语，此时吴语语法、词汇基本已经固定。吴语人口在明朝末年占全中国的20%，白话小说《豆棚闲话》真实记录了当时的吴语口语。

吴语通行于江西东部、安徽南部、浙江、上海、江苏南部等地区，其代表为苏州话，其中浙江南部保留了较多古代百越语言特征，安徽西南部受赣方言影响所以不能成为代表。吴语拥有阳入、阳去、阳上、阳平、阴入、阴去、阴上、阴平8个声调，保留了许多古汉语用字用语和模糊入声。

（三）闽方言

上古吴语在秦汉时期分化出一支，并流传到东南地区，称为闽语，也叫闽方言。闽语主要分布于浙江、广西、广东部分地区以及海南、台湾、福建的大部分地区。闽语内部分化非常明显，不仅有不少古闽越语的遗留，而且也留存了很多古汉语的特色。最先分为闽南、闽北两种，后又分莆仙、闽北、闽南、闽东、闽中五种。

闽方言中通行范围最广、使用人口最多的是闽南方言，包含福建省内以泉州、漳州、厦门三市为中心的多个县市，其代表为厦门话。文昌话、潮州话分别在海南岛和广东东部有一定程度的影响。闽北方言通行于福建省浦城、政和、松溪、崇安、南平（乡区）、建阳、建瓯，其代表为建瓯话。莆仙方言通行于福建省东部沿海的仙游、莆田，其代表为莆田话。闽东方言通行于以福安为中心的山区，以福州为中心的闽江下游地区，以及福建省东部，共18个县市，其代表为福州话。闽中方言通行于福建省中部沙县、三明、永安，其代表为永安话。

（四）湘方言

湖南这一称呼是唐代时期在洞庭湖以南包括湘资两水流域，设湖南节度使时才出现的。宋朝时，置荆湖南路，简称湖南路，元明两代设湖南道。湖南逐渐成为人口密集的地区，同时，湘语也开始形成。湘语是生活在湘江流域或其支系一带湖湘民间使用的主要语言，广西和重庆部分地区也通行湘语。湘语可以分为古湘语和新湘语，古湘语受外部方言影响较小，主要分布在湘乡、衡阳地区；新湘语受赣方言和官话方言的影响比较大，主要流行于湘北和长沙。湘方言对西南官话的形成过程起到了非常大的影响，同样，西南官话对湘方言中的长益片湘语的影响也比较大，因此湘语和西南官话有一定程度的相同点。

（五）赣方言

秦朝统一六国后，由于政治经济上的需求，秦始皇组织了一系列强制性的人口迁移，很多人被强迫迁移到赣江一带生活。汉朝初年，汉高祖刘邦派颍阴侯灌婴修筑南昌城。两晋南北朝时，又有许多人南下移民到此，这里逐渐形成了一种新的汉语方言，即古赣语。隋唐时期，随着外来文化的不断影响，赣语也增加了不少新的词汇。到了五代十国时期，赣语的基本形态最终得以确定。此外，隋唐之后，江西地区成为全国十道之一的"江南道"，社会经济得到快速发展，人口剧增，江西地区的人口向外迁移，赣语也随之"迁移"到了新地区。

赣语以南昌话为代表，又称老表话、江右语等，通用于江西大部、湖南东部、湖北东南部、安徽西南部和福建的西北部等地。历史上，江西时常与周边地区划分为同一行政区域，例如曾与湖广同为楚国、与浙江同为吴国、与福建同为百越、与广东同为江西行省，中原不断有移民迁徙至江西，因此赣语同周边汉语都有着或多或少的关系，其中与湘语的关系最为密切。

（六）粤方言

汉语在秦汉时期传播到岭南地区，与当地古越语相融合产生了一种新的语言，即"越语"。"越"和"粤"在古代是相互通用的，因此"越语"也叫"粤语"。出现区别是明清以后，江浙吴语地区使用"越语"偏多，岭南地区使用"粤语"居多。在宋代，两广别称"两粤"，广西为"粤西"，广东为"粤东"。后来"粤"才逐渐收缩范围被用作广东地区的简称。

粤方言是澳门、香港、广西、广东以及祖籍是以上地区的人所说的一种方言，它不管是用字、语法、词汇、语音都与官话、吴、赣、湘、客、闽等方言有所区别，这是广义的粤方言。广州话为权威方言的珠三角一带通行的广府话是指狭义的粤方言。广州无论是文化、政治还是经济，在岭南地区都拥有非常重要的地位，所以广州话成为粤方言的权威代表，其他粤方言区的新闻和广播大多以广州音来播报。本书所讲的粤方言主要是狭义层面的广州话。香港的地位在鸦片战争结束之后快速提升，同样，与广州话同源的香港话地位也急速上升，但两者同根同源，语言差别不是很大，因此不另立名称，本书所说的广州话也包含着香港话。

粤方言又叫广东话、广州话、白话、粤语，其中最有影响力的是广州话，白话是民间的通用称谓，学术用语是粤语和粤方言，对广东境内语言和方言不太了解的外地人或外国人使用的名称是广东话。其实粤方言不等于广东话，因为广东境内还有瑶、壮等少数民族语言，以及土话、军话、客、闽等汉语方言。

（七）客家方言

秦朝时，一部分中原汉族人南迁到广东东部地区，以后不断有汉人来此定居，这些汉人被当地人称为客家人。这些汉人的南迁也带来了他们当时所在地的语言，这些语言与当地的语言渐渐融合，最终形成了一种新的语言。南宋时，这种新的语言形式初步定型。其语音在继承古汉语的基础上，发生了有规律的音变。从宋代开始，广东梅州和汀州地区的语言引起了当时人们的注意。20世纪初，这种语言形式被定名为客家语。客家语简称客话，在广东东部、北部、福建西部、江西南部、广西西南部等地通行客家语，其中福建、广东、江西三地区交界处是客家语最为集中的区域，惯称客家大本营。客家话是在北方移民南下影响中形成的，因而保留了一些中原话的特点。一般认为，客话和古汉语之间的承袭关系较为明显。用客语朗诵中古汉语的作品，如唐诗、宋词，音律方面比官话、普通话要吻合很多。客家话按其口音的不同，主要分成三大类：岭北类、岭南类、槎语类。客家各方言地方特色很强，几乎每个县的客家语都有各自特色，可以看成是一种独立的方言。在不同的客家方言里，声调也有所不同。绝大多数的客语都具有入声，共有5至7个声调。

三、方言是历史文化的反映

不是所有的方言词语都能反映方言区的历史文化，但能够反映历史文化的词语也不在少数。[①] 方言词语所反映的历史文化内容有的是全民族共同的，有的则是一定的地域特有的，我们把反映历史文化的词语称为"文化词语"，常见的文化词语有以下几类。

（一）风物词语

从古代社会到近代社会，环境对人类生活的制约是很明显的。人们居住在一个地方，就必须适应当地的自然条件来开展生产活动、设计生活方式。除了少数现代社会里的白领阶层，其职业活动及生活方式可以完全实现与国际接轨外，目前的中国社会里，不同地区在这些方面依然有很大的差异。越是保留传统的地方，生活方式越是不同。不论是沿海或沙漠，草原或丘陵，天寒地冻

---

① 周娜.浅述方言与地域文化[J].学习周报（教与学），2019（47）.

的北国或草木常青的南岛，人们的衣食住行方式总是有所差异。于是在居处方面，房舍建筑的各种形式及不同材料和构件、不同施工方式都有各自的名称，关于各种符合本地习惯的主食副食、风味小吃及其制作方式、炊事用具的名称，关于各种服饰、用料、裁制方式和工具的名称，关于各种交通设施、工具及操作方式的名称，真是举不胜举。统而言之，这就是风物词语。

1. 关于自然环境的语词

有关地形地貌的名字各个地区都非常有特色，如众多沿海地区的角、沃、鼻、礁，福建丘陵地带的坑、坜、垅，长江三角洲的楼、渎、浜、怪，秦晋高原的堞、峁、塬、峪，草原上的敖包，等等。另外，因自然环境的不同，各地还拥有各自的景物词。如广州常年不见雪，冰雪不分，管冰叫雪，如雪屐（冰鞋）、雪茸（冰花，刨冰，一种冷食）、雪水（冰水，又喻指冷天的雨）、雪柜（冰箱）、雪糕（冰激凌）、雪条（冰棍儿）等；相反哈尔滨冰雪最多，叫法也最多，如泡冰排（河中流冰）、冷子（雹）、大烟儿炮、冒烟儿雪（暴风雪）、棉花套子雪、鹅毛大雪、雪窠儿（积雪深处）、疙瘩娄子（路上的硬冰）、冰溜子（冰锥）、冰脑子（河里初冻的冰）、冰碴儿等。

2. 关于居处器用的语词

福建沿海地区睡的是各种各样的竹床、木床，住的是石头房子，床铺和石头房子根据样式和材料的不同有各自的名称，以厦门话为例，主要有铺仔（简易小床）、遮风（三面挡风板）、床散（床腿）、铺枋（床板）、床框（床沿）、床枋、石壁、石窗、角石、磹石、石通（石梁）、柱珠、石柱、石条、石枋等。一些没有村庄的路上经常会建有凉亭（或称茅厂、枋寮、草寮），村口木桥桥面上能遮阳挡雨的屋盖，称为廊桥、桥亭，或厝桥、篷桥。

北方睡的是炕，住的是窑洞，因此有关于炕和窑洞的名称，以平遥方言为例，主要有脚头、实炕炕、炕角落儿、炕围子、凉炕头、暖炕头、盘炕；明装楼、赤后子窑、闷窑、窑窑（小墙洞）等。

古代四川与外界的交通，全部依托于长江上的木船，逆水而上需要拉纤，关于拉纤的术语有号子工、提拖、水划子、杠子、二篙、二太公、大太公、驾长、降纤、升纤、放纤、收纤、纤头、掏绳、飞子、二行、滩户、纤工、桡工等。

此外，因为不同地区，农时季节和农业生产项目的不同，也会导致所使用的农具和耕作方式有很大差距。北方使用驴、骡，南方使用耕牛，山区要为田坎劈草。南方不仅要穿棕衣挡雨，还要戴斗笠防晒，北方农民扎头巾。农业运输山区用背篓、肩挑，平原用马拉车等。

3. 关于饮食和服饰

因地理环境、产业生产等的不同，各个地区的饮食习惯有非常大的区别，各种食品的做法、名称、所用器具等有上千种。仅仅是各种面食，在温端政、张光明所编的《忻州方言词典》里就收集了120多条，其中如白胡子老汉、切头、手粑子、硬蛋儿、汤汤子、流鱼儿、金裹银、包皮面、片片子面、豆面等都是南方人从未听过的名称。同样，以大米为主食的福州拥有非常多的米制食品的名称，如鼎边糊、牛头粽、软糕粽、浮油糍、菜头、粉干、兴化粉、米糊、后九粥、歙饭、八果饭、茄薯饭、饭巴、饭包等。

不同的时代、地区、民族，服饰存在着非常大的差距。如古代时的布袜、裹脚布、尖足鞋、草鞋，还有现代的塑料鞋、皮鞋、胶鞋、布鞋等。但是很多方言名称若不及时调查，有可能会消失。

（二）习俗词语

因地理环境、文化背景等各种因素的不同，导致各地风俗方言也有很多种类。如称谓忌讳、行业经营、人际交往、戏曲游乐、信仰祭祀、婚丧喜庆、四时节日等，都有各种活动动作的动词，从事相关活动的专兼职人员的称谓，供品、器具、仪式等的名称，此外还有常用的、规定的话语，如四川的"偷"浴。偷窃是不道德的行为，但是四川却有以"偷"来讨吉利的风俗。对于这种风俗，宋人文惟简《虏廷事实·放偷》早有记载："虏中每至正月十六日夜，谓之'放偷'。俗以为常，官亦不能禁。其日夜人家若不畏谨，则衣裳、器用、鞍马、车乘之属为人窃去。隔三两日间，主人知其所在，则以酒食钱物赎之，方得原物。"现如今，在四川很多地方这种风俗仍然存在，但是只能偷巾、杯、筷碗等不值钱的小东西，且偷的时间地点也不相同。

在中国，饮茶已有几千年的历史，在江南早已成为普遍的习惯。吴方言通常称茶水为"茶叶茶"，白开水为茶。饮茶在很多方言区中是调整人事关系的方法，是治病之方、健身之道、待客之道，而不仅仅是为了解渴。"吃讲茶"是四川的一种民间习俗。当乡邻出现纷争时，请当地德高望重的长辈到茶馆饮茶调停，争执双方先诉说事件来龙去脉，老者分析、做出评判，论个平手平摊茶钱，理亏的就付茶钱。"吃合棕茶"是不同伙的纤夫互请喝茶，以期途中相助。在茶馆听书赏曲叫作"吃书茶"，这种饮茶是人际交往的手段，听众所付茶款由茶馆及艺人分成收入。"茶疗"是福建农村农户们都知道的普遍的常识。茶叶制成的咸茶、苦茶、神糊、茶饼、厚茶、旧茶等是居家必备的成药，各种常见小疾病都有合用的中草药可以"煎汤"饮服。闽赣交界处有"擂茶"，将青草药和茶叶配好，加入红枣、芝麻等置于粗制陶体之中，用油茶树杆手工磨成粉末，后冲开水饮用，不仅能充饥健身，也能解渴。在一些山区的婚事过程中，常有用茶来表示情意的规矩：相亲时姑娘出场敬茶，表示允婚，后生如果不满意，即使口再渴，也是绝对不能一口饮下的。婚宴之后，新娘向长辈亲人敬茶，按礼数称呼，长者必须放置红包在茶盘上，否则便是失礼。

在福州，旧时没有文化的人多有以"三把刀"（厨刀、裁缝刀、理发刀）为业的。各地理发匠有不少向福州师傅学手艺，并向师傅学了爱说话、说福州话的习惯。在山西,理发则是长子县的传统职业。尽管地位低下,但却也走南闯北得以糊口。学理发一要学磨刀,二要学行话,学了行话才便于同行交往,才能被同行接纳。关于禁忌和避讳及种种委婉用语,种种称谓中的谦称、尊称、贱称,亲属称谓中的从儿称谓,多年来许多书上都有详细材料,这里不再罗列。

(三)观念词语

1.反映自然观的词语

在古代社会政治的发展过程中,方言逐渐形成,但由于当时科学还未昌明,对于一些自然现象无法理解,因此,很多方言的产生不是非常科学,如地震说"地牛转肩、地牛翻身",日食、月食说"天狗食日、天狗食月",不少地方都可以听到。古人通常认为"心之官则思",所以方言中也充满着用"心、腹"来表示思想的词。如泉州话就说腹戳(心里骂娘)、凿腹(厌恶)、糟腹(糟心)、苦心(伤心)、激心(伤心)、软心(软心肠)、清心(灰心、心凉)、心适(有趣)、心行(心地、品行)、心神(心思、心血)等。

不切合科学实际的方言名称在近代社会的舶来品中也有很多。如以烧汽油为动力的汽车,东北官话称"电车",于是公路也说"电道、电车道"。闽粤方言称热水瓶为"电壶(梅县)、电瓶(泉州)、电罐(厦门)"。

老百姓在长期的农业社会中,祖祖辈辈适应、利用、改造自然,在长期的生产实践中总结出了很多经验,各地方言包含农业耕作和气象谚语在内的很多农谚。这些谚语是几千年来人们智慧的结晶,大部分朗朗上口,声韵铿锵,节奏明快,内容精辟。如:

巴浪惊风,带鱼惊漏(捕巴浪鱼怕刮风,钓带鱼怕浪)

风回南,风台歇(风向转南,台风欲止)

乌猪流河兆风台(乌云遮银河兆示台风)

八月鱼头齐（八月常有大鱼汛）

五月端午晴,烂稻刮田螣（预示干旱的年景）

六月出红云,劝君莫行船（六月有晚霞兆示台风）

小暑不种薯,立伏不种豆（小暑时不种红薯、山药,伏天不种豆类）

2. 反映社会观、职业观的词语

中国的传统社会是一个轻个体、重整体的社会。这种整体小的是家族,中的是乡里州县,大的是国家民族。其中基层用血缘和地缘联结起来的整体是最实际的,在很长一段时间内,形成道德规范和维持社会生活运作的基础就是这种社会网络。对于这种网络和规范而言,各个地区方言都有一整套方言词语来展现。

社会观的组成部分之一是职业观。一定的地域依据历史传统和自然条件的特点,总会形成一定的社会经济形态,平原种植,沿海捕捞,山区育林,草原放牧,等等。在人多地少的地方,服务行业、手工业、副业等在不同地方都有不同的地位,从而得到不同的发展。上海滩和珠江十三行是现代化商业的集散地,旧时的晋帮、徽帮云集之处是传统商业的繁荣地。这些地方对营商者有更多的褒扬。而在像客家地区这种典型的小农经济的社会中,"无商不奸"的观念十分浓厚。各地对经营各种行业的人员有不同的称谓,含不同的褒贬色彩。

3. 反映人生观、道德观的词语

语言反映人们的思想观念是全方位的,各个时代、各个阶级的思想观念都在语言中留下自己的印记。考察反映思想观念的方言词语,一是要抓住那些进入基本词的基本义的词语,二是要看哪些方面的观念成为社会的主流,在词语中有大量的表现。

（四）史迹词语

1. 统式史迹词语

有些史迹词语保留了前代社会生活所经历过的生活制度和习惯。中国历史悠久，地域广阔，不少历史上的制度和习惯分别保留在不同的地方。"礼失而求诸野"，透过这些方言词语可以帮助我们理解不少历史的事实。例如桌子在现代方言中有各种说法，分别反映着不同时代的生活制度。闽西北的建宁、秦宁和邵武一带，赣语以及海南岛迈话说"盘儿"，应是上古席地而坐时代的痕迹，当时的桌子只是一块木盘子。但是这种说法未见于古籍，可能是早期方言的创新。后来有些方言叫床（闽语的莆仙话、溯汕话、海南话），合乎汉代的记录。

2. 特式史迹词语

在方言词语中保留下来的历史人物、历史事件、自然地理的早期特征等是此类词语。地名是最常见的保存史迹的词语。有人从1∶10万北京市地图中找到了目前存在的170多条与树林相关的地名，如豹峪、鹿叫、豹沟、栗树园、黑枣沟、梨园岭、榆林、杨树河、松树台等。据历史记载，明末清初北京郊外有"松林数百里"，宋代有"千里松林"，证明这些地名确是早年林区，但现在没有林子了。

关于秦始皇派遣徐福带领童男童女海上求仙的传说，许多地方都盛行着，山东崂山县有"徐福岛、登瀛村"，江苏赣榆则有"徐福村、徐福河、徐福社"。这种史实年代久远，加上流传附会之说，已经难以确证。而泉州市内的白司库巷是宋元市舶司的仓库所在处，聚宝街是当年的珠宝市场，车桥头是当年的交通要道，土山街则是造东西塔时所筑运大石头的斜坡起点，这些记录昔日繁华景象的地名则并不难考证。至于广州市内的中山路、陵园路、先烈路、执信路等则与辛亥革命的黄花岗起义有关，更是众所周知的了。

　　与史迹有关的方言词还有一些常见的风物词。例如福州人爱吃的"光饼、征东饼"相传是当年戚家军平倭时所制干粮传下来的，其中心都有一个穿透的小洞，这是当年穿线成串的眼儿。云南的"过桥米线"、广东的"沙河粉"也是这类带着故事的风物词。

第六章

汉字在现代设计中的创新应用

第一节　汉字与现代设计

从古至今，不同的国家、民族都创造了不同的文字。文字是人类文明的象征，是形成本民族政治文化最重要的因素。文字在中国有数千年的历史，甲骨文、金文、大篆、小篆、隶、楷、行、草，经历了无数代人的修改和发展形成了现在的文字。除了书法以外，绘画、歌赋、诗词、图腾、篆刻等艺术都受到了文字的影响。中国的工艺美术、雕刻、绘画、文字都是一脉相传的，将中华民族世代相传的审美意识展现得淋漓尽致。作为一种文化现象，从4世纪开始，汉字先后影响到越南、日本、朝鲜等地，成为国际交流的工具和这些国家的公用文字，对这些国家的文化产生了非常大的影响。随着汉字的传播，中国的科技、儒学、宗教、典章制度等也传入邻国，形成了拥有共同文化要素和东方特色的中国文化圈。

一、汉字的美感和装饰功能

（一）汉字的审美特征

汉字造字原理的假借、转注、会意、形声、象形、指事等特征，以及汉字的结体和形态上的特点，使汉字拥有强大的创意性和塑造性，为汉字标识和设计字体造型带来了极为便利的条件和广阔的空间。鲁迅先生称中国文字有三美："意美以感心，一也；音美以感耳，二也；形美以感目，三也。"甲骨文和金文是我国真正构成文字条件或最初的可识性文字。甲骨文和金文巧妙地结合形、声、意三者，简洁而又生动。甲骨文的字形没有严格的约束，大小长短各不相同。根据行款与篇章的需要安排文字，同一个字增一笔减一笔无关紧要，有的同一个字多达几十种字形。另外，可以挪动每个字的偏旁部首，甚至同一个字可以倒写、反写、正写。合文是甲骨文最突出的特点之一。合文也就是两个字合在一起，其书写形式流传了很久。两周时期的金文，秦汉时期的瓦当、简牍上都有。在现代字体设计上，合文是常见的表现手段。几千年前的汉文字的处理方法，与现代文字图形有着惊人的相似之处，其构思不得不让人拍案叫绝。

1. 图文并茂的形态

汉字在形成渊源上有很强的象形因素，在漫长的发展过程中逐步形成了以形表意、以意传情的字体构成形式，可以说其特点是使物象符号化、使语言图像化，形与意相互结合，发展成为具有高度符号化、图形化的方块字。它比国际性的拼音系统文字更具有独特的民族文化特征。汉字一字一义（或多义）、一字一象，人们可以观象而知义，知义而生图画。从汉字的造字过程来看，其表义性、象形性、表情性、和谐性和审美性等特征，所蕴含的是中国人的心理情感和审美意趣。它最能表达人类的心灵，是一种心理写实而又抽象化的表现符号，是一种"语言的图画"。

综观汉字的造型，其图形化的特征是通过组合、添加、变形、取舍等手法进行构成，强调的是汉字的装饰美感和象征寓意。[①]例如早期的龙书、穗书、鸟迹篆、蝌蚪文、龟书、花鸟字等，都是以物造型的文字，有不少都进行了图形化的装饰，即在笔画中或多或少地带有某种具象的图形特征。这种具象特征与文字起源时的那种象形是不一样的，这种具象特征表现在文字的笔画中。这种文字，可以说是图文并茂、图文交融，既丰富了汉字的结体形式，又增加了人们的阅读兴趣。这是一种汉字，也是一种设计。

---

① 叶金润 . 汉字在设计中的运用 [J]. 文学界（理论版），2012（12）：111.

2. 汉字图形化的形态美

由于汉字创造源于自然万物的形象，所以汉字装饰仍以自然万物的形象为依据，然后重新赋予抽象的文字以生命感。

首先，将某一笔画处理成具有生命形象的特征，其所呈现出的汉字具有意象化的特征，从而使字体具有生动、精美的特点。在保证汉字基本框架的基础上，所加饰的点画形象会更加富有装饰趣味；其次，将汉字中的笔画进行调整，通过压缩、延展等手段使各笔画随着字体空间的大小而刻意变化，从而使笔画的抽象感和节奏感得到进一步加强，甚至有些抽象到只是一种象征符号，却仍能给人一种无限的遐思；再次，将汉字的抽象形态与图画的情境巧妙结合在一起，也是汉字图形化形态美的特征之一。

3. 字义与图形的结合

汉字的图形化，许多是在民间中流行的，是融装饰性与实用性于一体的综合性艺术。其中民间艺人创作的"花鸟字"，就是一种字义与图形相结合的范例，这种字体是用花、鸟等具象且五颜六色的造型作为字的基本笔画，是一种带有绘画倾向的汉字字体设计。婚礼上用的双"喜"字也是最常见的，有很多人还把双"喜"字格外精心打扮一下，有的红底金字，有的在双"喜"字旁配以鸳鸯戏水等纹样，显得喜气洋洋。另外，"寿"字和"福"字，在笔画的处理上也都进行了大幅度变形，这些都是民间艺人们经历了许多年才提炼成的一种表意式的象征设计。

现实生活中，人们总是有着美好的向往，希望事事吉祥，万事如意，年年平安。这种吉祥观念集中体现在对福、禄、寿、喜、财的祈盼上。因此，在所有的吉祥寓意中，"幸福长寿"是摆在第一位的。古人认为，富贵长寿、健康安宁等圆满完备就是福。因此，在吉祥汉字中，关于"寿"的汉字图形组合极多，其中单个寿字就多达百种，称为"百寿"。还有以"万"字与"寿"字相结合的，称为"万寿"。这种吉祥汉字利用字义与图形相结合的手法，表达出了双重的具有吉祥寓意的特征，呈现出了独特的艺术韵味，蕴含了其他文字所无法实现和达到的境界。

（二）文字装饰东周觞

郭沫若先生在《青铜时代——周代彝器进化观》一书中指出：东周而后，书史之性质变为文饰，如钟之铭韵语，以规整之款刻于器表，其文字多作波磔而有意求工。又如齐国差铭亦韵勒子器肩，以兽环为中轴而整列为九十度之扇面形，凡此均于审美意识之下，所施文饰边，其效用与花纹同。中国以文字作为艺术品之习尚自此始。

以文字作为装饰手段，装饰在各种工艺美术器具上，早在我国青铜器时代就开始了。在历代工艺美术制品上都可以看到文字的运用，由于材料的不同，器型与装饰部位的不同，而形成了汉字的不同布势和装饰风格。如周代铜器纹"初为雷纹期，其铭文是用方折笔势，西周以后为环纹期，其铭文是圆笔，下笔圆转。春秋之后，铜器为雷带纹样，其铭文字体变为细长，以与蟠屈如带的花纹相称"。在汉代，文字作为装饰的范围已相当广泛，铜器、漆器、陶器和建筑砖瓦上都饰有文字，其中以瓦当最为典型。瓦当的类别分画像瓦当、文字瓦当、文字兼画像瓦当。汉代瓦当广泛采用文字作装饰。这些文字十分注意字体与装饰面的协调与统一。为了达到字与装饰面的统一，笔画遇方变直，倚圆变曲，或连笔穿插，或减笔呼应。

与锥刻、凿印的金石文明显不同的是书写在民间青花瓷上的款识文字。民间青花瓷上的款识文字多采用草书，涂有釉色的彩笔，随着书写的速度，表现出一种力的气韵。有的字与花草之类的形象相结合，字如花，花如字。有的字不仅追求字形上的夸张与变化，而且字义与民情民意相配合。如在盘上写"福、禄、寿、喜、花、香"，在酒坛上写"闻香下马，一片冰心在玉壶"，在帽盒上写"事理通达，意气平和"，在凉枕上写"高枕无忧，百事平安"。也有赞颂款识，如在器具上写"玉堂佳器""宝贵佳器"。这些文字设句贴切生动，调动起视、听、嗅觉等各方位去感染受众，称得上是形、声、意达的广告语。

　　民间青花瓷上奔放的笔触，民间泥塑中的生动笔彩，民间笔彩年画中的大写意式的笔调，以及民间蜡染上的冰裂纹，都具有浓郁的偶发性和情趣性，这些正是现代艺术、现代设计中所刻意追求的质感和肌理效果，值得学习和借鉴。印章篆刻大约始于周秦以前，是中国文化中最具代表性的瑰宝。从比较上看，瓦当上的文字是在圆形与半圆形中布局的，文字依圆变化，曲中求方。而印章上的文字，大都是在方形中布局，字形作直中含曲之势。文字在方寸之间首尾相应，奇正相生，删繁就简，取巧逞妍，极讲求章法布局。邓散木先生把篆刻的章法归纳为 14 种，即离合、盘错、变化、巧拙、承应、实虚、挪让、屈伸、增损、轻重、疏密等，并提出印文"繁宜安详、简宜沉着，方宜丰而和，圆宜柔而挺；巧忌纤媚，拙忌重滞；少忌散漫，多忌杂沓"。足见印文在意匠与形式美上的追求，这些理论对设计文字的创造具有很好的参考价值。

　　日本著名的书籍装帧家杉甫康平先生在他的著作《造型的诞生》一书中写道："汉字超越了单纯的文字意义，变化成各种物的意象又回到汉字诞生的原点。通过丰富多彩的变化，使它周围充满活力。"并且指出"汉字是一种表情丰富的文字"，提出要"探讨它是如何将'形'和'灵'的力量巧妙地释放在生活中"的。

二、现代设计视野下的汉字

　　雷圭元先生（我国著名的图案专家）曾经指出，中国的纹样和图案深受人们喜爱，同时也是人们最亲切、最熟悉的语言。无论日后我国如何发展变化，中华民族的精神和深刻的内涵一直都不会改变。但是，视觉传达设计的民族化问题，并非简单地安排在设计上便有所收获。民族性是民族精神和气质的综合体现，不单纯是一种表象。在现代艺术和设计上使用旧时代的东西，需要改造和变通的过程，需要再次进行创造，方能与新时代需求相适应。鲁迅先生指出："采用中国的遗产融合新机，使将来的作品别开生面。"同时他又指出："旧形式是采取，必有所删除和增益，这种结果是新形式的出现，即革新。"中国现代字体设计要基于优秀的历史文化之上，同时，也体现出了时代精神，一定要面向现代化，面向世界，面向未来。

就设计的角度而言，设计字体不同于书法、金石文字，是将实用和美感相结合进而符合工业设计的策划安排。依据设计需求，文字分为牌号、标识性文字、广告性文字和装饰性文字等。作为牌号、标识性文字，是指把文字的视觉和听觉感强调了出来，并且要求具有简单的形态，便于识别，体现出独有的特征。作为广告性文字，对文字的传递速度和扩张有一定的要求，通常会在比较吉庆的场合使用装饰性文字，并将文字的装饰美感和艺术感染力体现出来。用于书籍装帧设计的文字，要把文字蕴含的内力和含义体现出来。此处，文字是精神的造型化。像看的、说的以及诵读的等各种不同的文字，通过设计师富有生命力的创造和组合，把丰富的情感和性格注入文字当中，或急缓强弱，或抑扬顿挫，极尽文字的表现力，感染读者，并让读者为之震撼。

除此之外，现代经济形式让企业之间的竞争更加激烈，商品从狭小的销售范围向更大的市场扩展。广告与包装上不会只应用一种文字。作为国际通用文字——英语，逐渐与本土文字相融合，用于各类设计之中。自从建立了一些现代销售方式（自选商场、无人售货、电信订货）之后，包装成为商品存放和保护的一般性工具，同时还具有多种功用，如介绍商品、广告说明、售后服务等。

包装上所应用的文字会更加复杂，同时也增加了设计难度。因此，要对汉字的排列和形态以及外文字母的排列和形态展开研究，尤其汉字与外文字母、拼音字母之间的组合规律的研究是尤为重要的。

在英文和本土文字的组合上，相对比较成功的是香港和日本的视觉传达设计。香港因为有着特殊的历史，英汉并用，在当地市场上的产品、广告、包装设计等上面所涉及的文字，通常同时使用两种文字——英汉文字。在当地，符合英语发音和意义的汉字牌号商标也是随处可见，这与当地的实际需求相符。日本文字相对来说形态要复杂一些，有汉字、平假名、片假名（主要用作外来语）之分。由于日本现代社会逐渐欧化，越来越多地开始使用英语和片假名。但是，日本的广告、包装上的英文、汉字、假名相辅相成，组合得当。文字形态不同，通过整理和协调，会到达异化共存的意境，成为现代设计的重要方面。

三、汉字在平面设计中的功能应用

文字在现代平面设计中是不可或缺的重要元素，在应用汉字的国家中，多种形式的设计中都会有汉字的身影。一方面，汉字作为设计内容的主体，另一方面作为点缀，进而烘托旁物、揭示主题，同时也能够调节整体构图。在平面生活中，汉字的图形化、释义以及调节功能具有重要作用。

（一）汉字在平面设计中的释义功能

文字在平面设计中，与其他设计要素相比，传达信息更直接。无论标志、招贴海报、书籍，抑或是包装设计，汉字都以其在受众群体心中的概念、寓意表达着特定的含义和情感，如同其在文学作品中一般，起到信息传达的作用。在包装设计上使用汉字，它或许是详细说明、产品名称、生产日期等；在海报设计中使用，是设计的主题；在标识设计中使用，便是企业名称、活动主旨，等等。上述列举的都是在平面设计中汉字所体现出来的信息传达功能，这便是所有文字都具有的基本的符号属性。汉字具有强大的表达功能，在平面设计中，对于作品中其他设计元素所要表达的内容，汉字可以采用言语式的方式进行表述，即将抽象的表达方式具体化。如此一来，大众在接到信息的时候，就会把设计中的图形元素与汉字相融合进行理解，汉字把图形要表达的主旨阐释了出来，同时，图形又扩充了汉字的表现形式，它们之间互相补充和支撑，进而完成了整个视觉传播过程。

（二）汉字在平面设计中的图示功能

在此处提到的图示功能的汉字通常是重构之后的汉字。汉字的图示功能一直都存在，汉字源自画，有浓郁的象形特征，加之中国传统哲学重视"神""韵""意"，让汉字具有很强的包容性，使大千世界都蕴含在这非常特殊的符号之中。

在各类平面设计中，汉字的图示功能体现出了无限的魅力。就形式上而言，在平面设计中会使用到两种形态：第一，书法形式感的汉字；第二，印刷体形式的汉字。我们先来看一下书法体的汉字。我国书法艺术是特意针对汉字而产生的，笔端游走在字里行间，把中华神韵体现了出来。在平面设计中，这类汉字的图示功能指的是汉字所呈现的形象，体现出运动感和活力，它具备的图示功能是通过书法艺术的发展演变而积累下来的，可以让中国人有所感知的审美体现，其体现的形式感把汉字本身的含义超越了。其给到受众最直观的感受是图形，而非汉字。书法形式感的汉字的图示概念主要存在于受众的联想中。汉字是方块型，与西方字形不同，汉字的字形是通过印刷的形式出现于标识、包装、网页、招贴等种类不同的设计中，所传达的意义非常明确，且多数情况下通过作者的设计可以转为图形。

汉字的图示功能一方面具有阅读性，另一方面具有观赏性，在我国，逐渐受到设计师的重视和发掘。其实，在平面设计中，汉字的图示和释义功能不是独立存在的，而是互相结合体现于汉字之中。当设计师将汉字作为主要设计元素去处理时，要将其释义和图示功能的共同优势充分体现出来，即在设计中，让汉字具备抽象内涵的同时，还能将其图示功能的优势发挥出来。在多种类平面设计中，若是直接使用汉字，会让设计看上去太过平淡，毫无新意，特别是直接使用书法体或印刷体，然而，若是过于追求丰富的变异，会降低汉字的意义传达性。所以，要巧妙地将汉字的释义及图示功能有效地结合使用，即汉字形式和意义的交织。在平面设计上，依据表现的需要，两者在不同的设计中，有时形强而意弱，有时形弱而意强，并在一些特殊情况下把意义弱化，进而强调形式。

若是汉字的形比意强的时候，受众会优先感受到强烈的图形效果，之后，仔细品味和欣赏，会发现这个图形原来是一个或几个汉字，然而，汉字包含的意义也与之前所感受的图形形象相符，进而产生回味，让受众产生极为丰富的想象，最后深化设计主题。

若是汉字的意比形强的时候，受众会优先感受到汉字本身的含义，之后，通过观察发现，汉字经过稍许的图示化处理，巧妙地与汉字本身的意义相融合。此时，汉字的形象为字意作了具象的解释，对受众理解主题起到一定的帮助作用，给人以生动、深刻的印象。

（三）汉字在平面设计中的调整功能

在平面设计中，汉字还具备调整功能。调整在此处指的是调整设计作品的整体结构。就我国传统书画艺术而言，在一幅中国画当中，画与字都是必备的，其中，汉字在画面中一方面具有题词作用，另一方面可以均衡画面。一幅画中，很讲究题字的摆放位置，大师会依据画面的构图安排字的位置，把画作完成之后，再题字，这样整个画面才能称之为完整，若是不加题字，整个构图看上去会有失均衡。与中国画非常相似，在现如今的平面设计中，汉字把调节整体结构的任务承担了下来。汉字在设计中，其形式、位置、创意、视觉强弱程度对画面的最终效果都会造成一定的影响，所以，其是设计作品中必备的一部分。要根据具体的情况设计汉字，若是整体设计偏向于某一个方向，那可以将汉字放于另一个方向上，并且赋予汉字一定的视觉强度，最后均衡画面。我们在设计中，要根据整体需求将汉字当作点、线、面进行处理，将其在整体设计中的调节作用充分体现出来。

四、汉字设计的原则及规律

（一）汉字设计的原则

虽然汉字是一种文字语言，但其造型和构成也是一门独特的视觉造型艺术。文字在发展过程中，汇聚了华夏民族无尽的想象力和创造力，是华夏民族的文化标志之一，也是汉民族审美理想的反映。装饰美化汉字则反映出了华夏民族的文化理念和视觉思维。

1. 视对象而定字体

这一原则主要是让文字的结构、笔画、形体在视觉传达上与字的内容和词义高度有效融合并进一步强化。它要求把人们的心理牢牢抓住，通过字体笔义进行诱导，进而引发共鸣。"对象"涵盖两方面的含义：第一，设计的具体内容；第二，设计内容的接受对象。

2. 视具体材料和制作工艺而定字体

有些具备实用功能的汉字，通常与材料以及加工工艺有很大关系。材料不同，所引用的制作工艺也不同，选用怎样的材料取决于具体的用途。所以，根据材料和加工工艺确定字体形体。同样是纸张和"喜"字，贴于墙上的"喜"字纸张相对要厚，而贴在馒头上的则相对薄一些。

3. 强调形式与内容的统一

汉字设计中的文字是既定的，设计主要是为了美化文字。所以，设计的时候要先从内容着手，与文字有效结合去创造艺术，让内容和形式进行完美的结合。所设计的字体也要生动、概括，把文字内容的精神含义体现出来，进而达成外在和内在的和谐，也就是形式和内容的统一。

4. 具有标新立异的视觉冲击力

在美化汉字的时候，首要的是进行创意。怎样让字体容易读，并且具备独立欣赏性，是字体表达主题思想和实现创造性意念的前提。字体放置的位置决定了字体是否精当，是否具备冲击力和感染力。要让汉字具备标新立异的视觉冲击力，需要根据文字的意义以及结构进行心理化、情节化的空间布局和图形符号化处理，使人望文生义和依形联想，让设计者的设计意图以及观者的思维能够有效沟通。这种把汉字的音、形、意进行高度融合的设计，对表达汉字的字面意义来说，具有"画龙点睛"的效果。

5. 在欣赏实用的同时应具有可认性

汉字的存在是为了更好地传播知识以及推广人类文明，所以，设计汉字字体其实不单是进行欣赏，而是有着欣赏意味的宣传。汉字需要遵循可认性这一原则，并且其他任何原则都是基于这一原则之上的，若是文字很难辨认，那么在传达的时候就是毫无意义的。所设计的字体能够方便读者认读，才能在信息传递上获得最佳效果。

6. 字体设计应符合美的原则

汉字的美化设计与标准的字体设计不同。标准字体会统一规划字形笔画、形体结构，与所有文字的字义有一定的关联性，或者也可以没有，把字体整体的外在形式强调了出来。字义的内涵与外延通过汉字的美化设计强调了出来，也就是字体之外的含义，即不再是创造某种字体，而是设计字体的创意，升华字体设计的概念。

字体设计基于思想性和可读性之上，符合美学原则。精雕细刻的特种工艺品很美，朴实的、加工不多的民间工艺品也很美。但是，对自然美的加工是具有一定规律性的，需要利用、加强自然美，而非对其进行削弱、忽视、破坏。艺术加工需要与人的精神和物质需求相适应，而非盲目模仿，东施效颦。遵循图案的创作规律对图案的艺术进行加工，而不是服从别的艺术创作规律。所以，在设计汉字字体的时候要具备较高的艺术性，美观大方，不过于夸张、矫揉造作。通过采用均衡、对比、对称、韵律等美的规律，把美观、和谐的字体绘写出来。

7. 文字的表象性与表意性

从大自然的形态中，古人找到了美的奥秘，把万物规定的线的典型总结了出来，抽象升华为文字。起初，汉字就具备形象的依据性以及标志性。文字初创时的象形文字（汉文字成熟可分三期：纯图画期、图画佐文字期、纯文字期），是先人在非常落后的情况下，从漫长的历程中磨炼出来的。早期的图画文字，就是最早的表象字体。象形字便于人们认识和理解。表象性的字体设计依据文字的字义或是一个词所涵盖的内容，对文字笔画本身抑或是某个词的文字形态整体特点进行艺术再创造。表意性的字体设计根据字义内容或是设计需求，给予一定的想象，进而进行艺术处理，所有的文字都具备独自的音、形、义。例如以"马"为偏旁的字，古汉语中，小马叫"驹"，毛色青白相杂的叫"骓"，毛色纯黑的叫"骊"，等等。所有的文字都具有一定的本义，可依据本义做出独特的字体。

8. 注重文字的整体性

因为汉字是方块字，所以，任何一个字从内容到形式都是独立完整的，都是一个生命体，在设计时要把握整体。第一，要把握好风格。字体的风格取决于字体所使用的范围，然而，字体的风格对烘托气氛又有着直接作用；第二，要统一笔形。字体的笔形需要根据整体风格，在起收笔方式及行笔中，粗细程度的变化、转折处理和装饰图形的变化等方面都应一致；第三，结构要统一。任何字的偏转倾斜角度、重心高低、穿插方式都要保持一致。若是遇到如"一"字与"蠢"字等笔画差距较大的一些汉字，则需要在视觉上调节到大小一致。对于如"人""永""令"等外形上不统一的汉字，可通过汉字独有的书写和排列方法，在视觉上将四周空间作为字的构成部分看待。如此一来，雍容大度，顾盼自得，让所有的字都进退有序、俯仰有致、气韵生动。所有的字在形式上都高度充实、完整，整体上也非常和谐。

9. 注重气韵生动的丰谐性及表情性

汉字的主要形式有稳定式（如众、品、函、土）、均衡式（如动、服、复、架、夯）、对称式（如米、双、丰、莫、茉、荣）等。其把间架结构及变化流动之美强调了出来，同时还具有丰富异常的特定信息，如三木为"森"、三人为"众"、上小下大为"尖"、小土为"尘"等。然而，像"杏"与"呆"、"另"与"加"、"古"与"叶"、"含"与"吟"等这样的一些汉字的笔画是不能变换的。除此之外，汉字也具备独特的表情性。如"哭""笑"的组成便有直接的表情，"怒"字由交叉的斜线组成，把一触即发的气氛形成了；"吉"字平静而开放，"坐"字静穆，"黑"字窒息满塞，"白"字明净透彻，"热"字有热的散发感等。汉字独有的形象特征形式感特别强烈，进而形成了汉字独有的情感。在美化字体的时候，汉字所独有的优势我们应该考虑到。

10. 独具特色的欣赏性

汉字大部分都是由部首组成的，之后由线画结体。线则是由横、竖、撇、捺、勾、挑、点等组成。不同的线，形式感也不同，如：横画把自然平静和安宁的空间感体现了出来，而竖画则把人的力量体现了出来；撇与捺组成方向性，具有一种洒脱飘逸的流动感；点画产生运动的截止感；勾与挑组成曲线的动感，在塑造文字的过程中具有很大的调剂作用，如同京剧中小锣轻敲一声。所以，在美化汉字的时候，其自身的欣赏性要考虑到。同时，由笔画所形成的"音乐美"也要多加注意，包括多种书体流派的书法所构成的不同节奏。

（二）汉字设计的规律

汉字设计其实是一种艺术创造，只要不超越文字的确定性和严密性，根据设计意图，按照字形的要求，进行延伸、缩放、疏密、添加等，进行粗细、长短、曲直形象的变化描绘，适应情绪的要求，就能体现出刚直严肃与柔和轻松、抒情浪漫或悲壮浓重的艺术色彩。①

通常，汉字局限于方形，在设计的时候要打破旧格局，把文字的外形特征强调出来，使字形外部出现变化。通常，文字字体笔画风格各异，但是，都相对均匀统一，有些时候为了把坚实的感觉强调出来，可以进行硬性处理；有些时候为了把字义柔软的感觉体现出来，可以进行柔性处理；还有些时候为了将文字已经形成的规范、条理以及均衡的定式打破，并进一步体现出创意，可以有意识地把字体结构的某个局部或者偏旁缩小抑或是夸大，并把一般字体习惯性均衡分布的状态进行一些改变，让字体结构与通常的排列书写方式有所区分。汉字是我国的文字，同时也是一幅美丽动人的图案，以及一种形象语言，单纯朴素，生动有趣。从改造自然以及生产劳动当中，创造者把对象的特征明确且肯定地进行了提炼，采用独特的线画工具固定形象，把思想传达给他人，将一种实用而又美观的寓意图案创造了出来。它并非自然主义的纯客观的琐碎描述，也并非脱离对象特征而展开的片面夸大，而是人类文明高度象征化以及集中化的结晶。

---

① 李鸿明.视觉传达设计中汉字创意的思维与技巧[J].艺术百家,2011(1).

1. 基本汉字字体设计规律

在基本汉字的绘写上，其结构当中基本笔画组合的力的呼应与对比要把握住。由于基本笔画存在大小、形态和组合疏密之分，因此可以分别将其看作是点、线、面。任何汉字结构的调整，其实都是基于形式美法则之上而进行的创作，是基本笔画上的呼应，把对比、均衡的和谐美形成了，其中，节奏和韵律感通过对比得以增强。除此之外，在设计字体的时候，单个字是否好看抑或是合理不能单方面地去考虑，为了排列组合，不同字体在多种组合时的整体美要处理好。

2. 汉字字体结构调整规律

汉字的字体虽然很多，但是，其结构原理都大体相同或是相近。在设计字体之前，先要将文字的部首组合情况分清楚，以便于合理安排不同组合类型的字的结构。一、口、人、工、乙、个、上、力、子等都是最基本的笔画组合。对字形的组合情况和部首之间比例关系进行初步了解之后，不同组合类型字的结构便可以进行安排，与此同时，结构、字形、笔画所带给人们的美感也要注意。

第二节　汉字造型方式及其对平面设计的启示

一、汉字造型的发展史及艺术符号特征

（一）汉字造型的发展史

汉字萌芽期的刻画符号在造型上已具有汉字最基本的造型特性——对称与节奏美、象形与会意等。这些刻画符号随着历史车轮的不断更进，由最初的单个刻画发展到后期的短句排列，从而构成了由简到繁、由幼稚到成熟的文字发展过程，并最终在四五千年前（夏以前）形成了十分发达的文字体系。

到了青铜时代的夏商时期，汉字已发展得相当成熟。这一时期的甲骨文，"它的形体结构和造字方式，为后世汉字和书法的发展奠定了原则和基础"。① 这种在龟壳和牛肩胛骨上刻画的文字从右至左、从上至下地排列着，也由此奠定了中国汉字数千年的书写规范。同时，这也是中国古代平面设计意识外化形式的早期体现，我们可视其为早期平面设计的肇始。

周代以来，青铜工艺发展到了极致，各种繁琐精细的铸刻纹样大量出现，甲骨文逐渐淡出，取而代之的是青铜文字，又称"金文"。由于表述内容日渐复杂，从而使原本简单象形的造字方式不能适应发展，于是新造出形声字、会意字。

春秋战国时期，以鸟虫书为代表的金文装饰文字开始广泛使用于青铜铭文上，除此之外，货币文字、古玺文字、玉器文字等各种装饰文字的出现也极大地丰富了当时的文字局面，文字被广泛运用到了各种材质器物上。

秦汉时代，中国进入大一统的强盛时期，秦始皇统一六国，结束了战国纷争的混乱局面，建立了中央集权的国家。在他所进行的一系列政治改革中，由李斯主持实施的"书同文"的文字统一政策，解决了当时各国文字"殊形异制"所带来的政治管理和生活交流不便等一系列问题，同时这也是中国历史上第一次有意识地进行的大规模的文字规范工作。

秦代所谓的"书同文"，即以秦小篆作为规范的官方字体，废除了六国的区域性文字。在日后的发展中，由于小篆工整对称的理性、肃穆性，使其成为封建社会典重形式的专用文字。与此同时，在秦代还有一种与篆书一同作为日常应用的文字，那就是隶书。"隶书者，篆之捷也"。由于隶书的书写易于篆书，其应

---

① 郭端平.浅议高校书法专业古代汉语课程的教学[J].文教资料，2016（33）：41-42.

用范围更加广阔。到了汉代，隶书的表现形式达到最完美状态，成为最能代表汉代雄浑气势的书体。

汉末魏晋时期，笔、墨、纸等书写材料得到了长足的更新与进步。有了毛笔和纸张的辅助，"与水、墨一起造出字的筋、骨、血、肉，也造出有生命的汉字"。汉字，被高度集中抽象化为"线条的艺术"——书法，"体现'寓意于物而不留意于物'的审美和自由创造精神，成为一门从整体上关照宇宙人生并细致入微地显露人类内心情感活动的独特艺术"。同样在这一时期，浑厚的汉隶变化出楷、行、草，至此，完成了汉字书体的完美蜕变。

隋唐时期，行书随着楷书发展日趋成熟，经济国力强盛与文化空前繁荣的唐代，汉字书体的各种风格流派相继出现。楷书与草书的完美呈现为中国书法史和文字发展史献上了尤为浓烈的一笔，成为后世世代吸取传承的营养宝库。

宋元明清时期，始于北宋的活字印刷术对汉字字体的完善与发展产生了巨大影响，一种不同于书写的新型字体——宋体字诞生了。早期宋体取型于唐楷，出现了颜体、欧体、柳体风格的宋体字。其后，宋体不断改进发展，根据用途不同，逐渐形成两种风格迥异的书体——印刷宋体与扁宋体。宋体字"滥觞于宋、辽、金，成熟于元，普及于明清"。宋体字的出现，开创了我国汉字书体的新历程，为近代和当代汉字的字体发展提供了丰富经验和坚实基础，先后发展出新宋体、仿宋体等宋体字族。

除了宋体字族，汉字最主要的印刷字体还有近代受到西方无装饰线字体的影响而产生的"黑体"，也叫"方体"。20 世纪 80年代以来，还出现了许多不同风格的印刷体，如综艺体、彩云体、墟拍体等，这些字体在整体性和审美性上都各具特点，在很大程度上丰富了汉字的造型形式。

汉字在漫长的历史长河中以及民间的流传使用中，被劳动人民赋予了不少新的造型表现形式。人们用他们的聪明才智创造出大量极富视觉装饰和原生意趣的民俗字体，有蜡蚌文、鸟虫书、瓦当字、钱币字、板书、古陶文、花鸟字等。这些源自民间的字体，集中体现出原始艺术的原发性思维方式，以及对汉字在视觉表现形式上的自主创新。

民俗字体的造型运用象形、会意、谐音等形式表达出劳动人民最质朴、纯真的天然情趣，它们冲破了现实对人们自由与创造力的束缚，展示出最为鲜活的原生态意象。因此，虽然它们很多来自草根，但是它们却和我们的书法艺术一样值得我们深入研究和借鉴，并成为现代平面设计中不可忽略的宝贵财富。

综合来说，中国汉字是"以原始社会晚期出现象形符号为基础，并吸收改造了原始社会晚期流行的一些记号发展起来的"，它是古代先民"师法自然"的结果，他们将现实事物抽象提炼创造性地转换为二维空间的意象。汉字本身所具有的审美因素，使汉字从一开始就具有成为独特艺术形式——"书法"的基础。书法的审美意象、理论和艺术精神也与汉字在造型上对虚实、阴阳交错、对称等进行有意识的审美追求的意向密不可分。

民俗汉字来自民间大众的生产生活，保持着率真朴实的造型意趣和强大的生命原动力，传达着广大劳动人民最真实的心理意象，具有非常浓厚的民族民俗文化特征。可以说，汉字、汉字书法和民俗汉字共同蕴含着中国数千年来博大精深的文化内涵，无论是对传统艺术还是现代艺术、古代设计还是现代设计、东方文化还是西方文化，它们都有着不可估量的启迪和借鉴作用。

（二）汉字造型的艺术符号特征

符号承载着信息，是信息传达的媒介。人类的意识过程其实也正是一个借助思维形式对外在事物进行选择、提炼、组合、转换、再造的符号化过程。文字，是语言的书写符号，是人与人之间交流信息的约定俗成的视觉信号系统。这些符号要能灵活地书写由声音构成的语言，把信息送到远方，传到历代。我们将它视为一种特殊的图像艺术符号，即人类在长期的生活交流和社会实践中进行的有意识的创造、提炼出的能引起人们相对固定思维反射的信息形式。

汉字造型的艺术符号性具有语言符号与非语言符号两个部分，它既具有汉字语言的文字属性，又具有非语言的图形特征。对于汉字造型艺术符号性的分析，更有助于我们把握汉字的造型意象，主要来说有以下两点：

1. 汉字造型的符号性形成

从新石器时代诸多文字的刻画符号到商周图形性质的文字符号，汉字符号性存在着紧密的传承关系，史前先民在器物上摹画客观事物的能力为商周图形文字符号成熟提供了成功经验。这一点在上文关于文字发展过程的论述中已经有所了解，我们可以觉察到当图画、符号与语言形式三者间出现某种约定俗成的或默契的固定联系时，那么它们就完成了向文字的过渡，汉字也正是经历了这种过渡而最终形成的。

2. 汉字符号既有直观的图形表述能力，又具有记录语言的文化承载作用

汉字符号由上述一些典籍记载，可以发现它们大多是"师法自然"抽象摹画创造出来的，是一种社会心理意象的符号表达形式。在史前已有象形、会意符号出现。象形符号大多是诸如日形、山形、鸟形、器物形等颇具符号意味的形式，用写实与抽象的方法对客观自然界事物进行摹画。会意符号的出现对表达复杂语义有一定的进步意义。它们多是由两个或两个以上的单体符号组成，如大坟口文化符号"灵山"，是由太阳、火焰和山峰组成的会意符号。这些符号表达了先民对原始文字的有意识的尝试，这也给后世文字符号的丰富提供了尤为重要的启蒙作用。

这些早期汉字在民间流传和历史发展中，人们对其进行有意识的筛选、提炼、淘汰、逐步完善，使之最终成为蕴含丰富社会心理意象的表达符号，从而世代相传。因此，汉字的符号性具有深厚的文化传承作用。我们抛开汉字日常书写的实用功能来看这种文化传承，可以发现其在表达民族审美文化的发展中形成了两条发展方向：一条是汉字以书法的审美形式传达着中国传统主流文化精神；另一条是汉字以民俗字体的审美形式传达着中国民间草根文化精神。两者一同构成中华民族思维群体同化的符号表象，拥有深厚的人文底蕴，其内涵具有很高的可解读性、再利用性和再创造性。

现代平面设计的主要功能是传播视觉信息，视觉信息如何通过符号的方式表达出来同样也是现代平面设计的主要课题之一。符号作为现代平面设计的主要信息传播者，其包括了视觉形象和意识形态的传递，既有具象的形象，也有更为抽象的象征层面。所以说，在当代图形语言兴起的时代，平面设计更看重以视觉符号来准确及时表述信息。应该在了解自身汉字文化历史的前提下，深入挖掘汉字的造型意趣和文化底蕴，运用现代平面设计的理念和方法，对汉字进行大胆解构和整合，古今兼容，承传创新，从而为古老的汉字注入新鲜的现代观念，给予它现代的新生命，让它继续长存于历史长河之中。

二、汉字造型的审美意蕴及其在平面设计中的运用

（一）汉字造型的审美意蕴的基础

汉字体现了华夏先民丰富而又模糊的审美感知和创造性的形象概括能力，深入挖掘其意蕴，将之融入现代平面设计之中，可

以升华平面设计的文化内涵与底蕴。①汉字造型的造字方式和使用方法——"六书",包含着一种"具象的抽象"思维形式,而这种形式和现代平面设计创造性形象思维的形式有异曲同工之妙。汉字"比类取象"的造字法,能用符号形象将物象外化,传达出一种有意味的意象,而这种意象是在一定美学观点的潜移默化中建立的。研究"比类取象"背后的美学观点,对现代平面设计视觉符号的创意和创形的设计实践,具有一定的思维启迪和引导作用。

1. 汉字造型"天人合一"的美学观点

"天人合一"以宇宙为体,以自然为本,以人生为中心。"天"即自然界、天地宇宙、天道、天命,与哲学上的"客观世界"是同一概念;"人"既是自然之人,也是创造之人。这里的"合一"是指人的品格情操与自然的精神规律、外在自然与内在心灵、主观世界与客观世界的融合。"天人合一"的审美境界是我国古典美学的最高境界,主张效法于天地之道,取生动之"象"以达宇宙造物之"意",构架出一个"物我一体、物我两忘"的审美境界,体现出"气韵生动"的宇宙和谐之美。它不仅影响着中国艺术,也对中国的汉字造型产生着深远的影响。

汉字的书法艺术也是通过汉字的点画结构、章法布局、线条流动等造型美来表达人的精神气质、品格情操和蕴含于生命中的哲理的,最终审美理想与精神境界升华为对宇宙自然真谛的感悟,创造出一种"气的生动、天人合一"的和谐意象。

2. 汉字造型"阴阳虚实"的美学观点

在意识形态领域相当活跃的开拓创造期——先秦,诸子们一方面以艺术为喻来阐明他们的哲学思想,另一方面,他们的哲学

---

① 周川,杜游.现代家具设计中的汉字应用研究[J].大众文艺,2019(11):105-106.

思想又对后世的中国艺术发展有着巨大的影响。在这些思想中，最重要的一个观念，即是虚和实辩证统一的观念。"以虚带实，以实带虚，虚中有实，实中有虚，虚实结合"的观念在后世日益成为中国美学思想上最核心的问题。虚实的问题，从提出之初便一直是一个哲学问题。诸子之中，孔孟由实入虚，提出"充实而有光辉之谓大，大而化之之谓圣，圣而不可知之之谓神"；老庄则认为虚实较之真实更真实，乃是一切真实的原因，没有虚实的存在，万物就不能滋生，也就更谈不上生命的蓬勃。

中国人在阴阳观的基础上，逐渐形成了对万事万物的一种思维模式，认为万物的兴盛繁荣，关键在于"阴阳之开阖""一阴一阳谓之道"，这样宇宙才得以生生不息地演化下去。阴阳法则最本原的一个表现图形就是"太极图"，古语云："是故易有太极，是生两仪，两仪生四象，四象生八卦。"两仪即我们常说的阴阳，太极分阴阳，阴阳合而为太极。阴与阳对立、对峙、相反、相异，而同时两者又是相联系、互补、共存、相生的。

从远古陶盘上的双凤纹样到阴阳鱼，再到最终的太极图，我们可以了解其中蕴藏的太极哲学和宇宙生命之"道"。阴阳对立统一，阴中有阳，阳中有阴，阴极生阳，阳极生阴，万物由此滋生。具体到阴阳在汉字造型上的体现，可以把汉字划分空间，具体的笔画线条视作"阳"，而留下的没被填满的空白即所谓的"阴"。乍阴乍阳，相映成趣，互生互存，共同构成了和谐生动的汉字之"道"。

除了汉字造型的笔画构造外，其本身具有的象形与表意的重要特征也同样体现出阴阳之道。汉字所呈现出的象形之"形"是"实"，表达出的"意"则是引人想象的"虚"，由形象产生的意象境界恰是虚和实的结合。汉字的艺术表现形式——书法，更是用抽象的线条，以纯净的黑（墨色）与白（空白）作为表现手法，传达出一阴一阳、一虚一实、一正一负对立统一的生命之"道"。

3. 汉字造型"意象"的美学观点

（1）意象

"意"之概念出自中国古典美学，最早源自春秋战国时期的《周易·系辞》："圣人立象以尽意。"意思为要阐明心中的意见就要依靠"象"。这里的"象"，指借助具体形象来象征暗喻的虚构之"象"，即以具体事物为主体抽象成的象征符号。所谓"意象"，是指在艺术构思阶段中，主体心意与客体物象交融合一的艺术表征。"意"正是中国古典美学的最高理想，也是中国艺术论的基本元素，在中国古典美学中泛指作品的主题思想或意象意境（构思）。"象"是物态空间的外部映象，即除了物体空间位置和方向等性质之外的外部物象。它不是客观物象的简单映象，而是注入了立象者主观情感体悟再创造出的具有象征意味的意中之象。

（2）汉字造型的"意象"

汉字的最初形态正是象形，汉字的"象"正是在这种"象形"基础上概括抽象而出的具有表意功能的符号。"汉字的'象形'特征在于它是对物体轮廓的简约化、概括化和具体化，是中国人对物'象'长期观察、留意的结果，是用符号形象对物象的再现。这一'再现'的过程并非镜像式的，而是渗透了中国人的情感和价值判断，汉字的形体和象形结构中已具有抓住事物主要特征加以再现的表现因素，它在再现物体之'象'时也同时表达了造字者和用字者的主观审美情感。汉字对物象的简约化和概括化，并不脱离'象'和'形'，这就为理想和想象创造了一个极富张力的施展空间"。可以说，"象形"在汉字的符号化过程中被保留了下来，这种象形之"象"所含的审美特征透露出先民造字的思维审美表象，从而使汉字与西方文字区别开来。

汉字造型的象形之"象"使每一个汉字自身都充满了暗喻性的"意"。所谓汉字的"意",其本意是人类用言语来表达种种能够记忆之生理反应、心理感触。汉字的"意"在于通过对现实生活中自然物象的象形描摹,一方面直接传递出"字"的意思,另一方面间接传递出宇宙与生命的精神和境界,让"汉字"的审美达到了更高的升华,产生了无限简洁的情感意味。因此,我们对汉字的"意象"就有了"望文生义"的思维联想。汉字造型用它饱含的"意象"传达出诗性的追求,在有限的四角"方"空间中创造出无限的意境,表现出丰富的联想、灵活的组合、诗意的展露、创意的触发,令人意象联翩。

4. 汉字造型"方"的空间观点

汉字是一种象形的表意文字。在前文的叙述中我们已经知道,以象形为基础的汉字,通过指事、会意等造字方法来进行非象形的抽象之意的表达。纵观世界其他古文明,在其混乱时期,同样也出现了以象形来传达信息的情况,如古埃及的象形图符。但这些文字最终都走向了字母系统,而只有中国人创造出了如斯芬克斯之谜一般的汉字。陈振镰先生在《书法美学》一书中认为,汉字没走向标音"最关键的原因是中国人在形成文字过程中始终如一的'方'的概念,即空间概念"。如今世界上,以"方"形为基础的文字唯有汉字。在中国早期文字形态中,每个字仿佛都是"虚"的四维空间中"实"的笔画。先民们在他们早期空间思维中预定了"虚""方"的空间框架,每个单体的表意汉字被植入其中,其造型的单元独立性得以使其具有"形"与"意"的抽象升华。

"方"的空间概念是我们先民对宇宙空间认识的体现,它发端于先民心理层面,渗透在中国人几千年来文化生产生活之中。远古时代就有关于"天圆地方"宇宙观论的传说。东汉后期,古人们更是对此倡导宣扬。该论断认为大地是无垠的方形,天则是圆或半球状覆盖着大地。由此我们可知，"方"的空间观乃是对广袤大地的一种延伸，与圆形的天穹遥相呼应。汉字"方"的造型观正是这种宇宙观的原始表象，在史前的刻画符号中，"方"的空间观已初见端倪，这些符号都显示出平衡、对称、节奏美等重要的造型意识。在虚拟的四角方正空间里，汉字的一笔一画都对空间进行着划分、增殖、繁殖，一切井然有序。"方"的造字空间观也与战国后期的井田制、古代中国的城市营造、围棋盘的分割布局、印章的章法分布、曲文的排比对仗等种种中国传统文化模式相暗合。

（二）汉字造型的审美意蕴基础在平面设计中的运用

汉字造型蕴含着中国先民独特的审美思想和审美意蕴，利用汉字造型的审美意蕴结合现代的平面设计观念来进行创作，可以为我们的现代平面设计带来新的思考角度和新的视觉元素，在赋予现代平面设计丰富文化内涵与底蕴的同时，能够提升设计传递信息的能力。

1. 汉字"天人合一"在平面设计中的运用

"天人合一"在平面设计中的运用，主要是在创作活动中，"神与物游"的过程中，将主体的"情"与客体的"物"相接触、交融、升华。感情融入对物的理解、感悟中，激发想象力，再通过具体的一种"形"传递出"意"来，以象立意，以象尽意。

2. 汉字"阴阳"在平面设计中的运用

将汉字的"阴阳"包括虚实、正负、黑白等，运用到现代平面设计中，可以传达一种图地反转的趣味现象，其次通过对一些形的虚化，可以让画面层次更加丰富。

3. 汉字"意象"在平面设计中的运用

汉字造型的"意象"对平面设计中的图形创意有一定的启迪作用。汉字之初的象形表意实际就是形式与内容的高度统一。在现代平面设计的活动中，我们如果能很好地运用汉字"意象"的思维方式，将给平面设计中的创形、创意带来新的启发和新的思路。

三、汉字造型的书法美及其在平面设计中的运用

（一）汉字造型的书法美之美学观点

汉字从产生之初，就与书法相互关联，书法时刻美化着汉字，汉字又存在于书法之中。

1. 书法的"势"论

"势"在中国汉字的书法审美意趣中具有十分重要的地位。早在汉代，书学家们就开始了对"势"的研究，我们从那时的书学著作如崔瑗的《草书势》、蔡邕的《篆势》和《九势》等中可窥见一斑。他们普遍认为草书或篆书之所以美，正是因为有"势"的存在。蔡邕的《九势》认为："夫书肇于自然，自然既立，阴阳生焉；阴阳既生，形势出矣。"他的书论中包含了前面我们提到的关于汉字审美意蕴的美学观点"阴阳"说，认为"势"的缘起，同样起于阴阳二气。如书写横画时往往欲行先勒，欲伸先缩，欲下先上，欲右先左，从而在"形势出"的同时，"力"也油然而生藏于汉字之中，"藏头护尾，力在字中，下笔用力，肌肤之丽"。汉字在"力"的驱动下，成为生动活泼的动人形象，而"笔力"的产生正是由于"势"的动因。

2. 书法的"意象"美

书法艺术是汉字意象的一个升华，每一个汉字犹如凤凰涅槃似的焕发出全新的意境。书法形式的汉字，首先其"意象"来自汉字自身形象的"望文生义"，书法主要讲究审美的需要，其对汉字意象的创造更多是生动活泼、无拘无束的。"比如'子'字的意象，从古文字的字形看，它是一个婴儿的形象，而书法家在写此字时，比如赵孟頫将其作为一种飞鸟的意象，从而创造出灵动的生命"。另外，除了书法中汉字的整体"意象"外，其实当

深入每一个字时，我们会发现一点一横、一撇一捺都同样存在着"意象"。

3. 书法的"阴阳"之道

书法，即在白的二维空间用抽象的黑线条表现出汉字的艺术情感，一阴一阳、一虚一实、一正一负，呈现出阴阳对立统一的宇宙万物生命原则。假定用墨划出的线条是"阳"的话，那么墨线之外所留下的空白空间就是"阴"，反之亦然。两者相互依存，相互呼应，创造出一番"气韵生动"的鲜活意境。宇宙混沌之初，智者在天地相连处"提笔"画出一条"线"（即所谓地平线），此线出，"上下分，天地判，阴阳明"，一切由"混沌""鸿蒙"到刹那间"豁然开朗"，乾坤显，万物生，一派生机盎然！这正如书法家挥毫落笔时的情景，当他在白纸上落下第一画的时候，二维的空间由此拉开，笔墨游走于白纸空间上，形神、精气、势意随之产生。

此刻，抽象的线条犹如半悬于上空，白纸为线的存在提供了一个空间。阿恩海姆在《艺术的视知觉》关于"空间"一章中有这样一句话："在纸面上画一条直线，这条直线看上去就不像是位于纸面以内，而像是悬浮在这个平面上方的空间之中。"至此，二维平面仿佛立体，黑线与白纸之间产生了进深的知觉反应，书法也就产生了建筑式的空间感。书法家们常运用阴阳虚实结合的美学思想来精心布置空间，创造空间，扩大空间，丰富空间的美感，在有限中创造出无限意韵。

4. 书法的"线条"美

书法最抽象的定义就是它是一种"线条的艺术"，书法最为重要的一个观点就是线条对情感的表现。书法家们在挥毫泼墨的过程当中，随着书写的进行，线条也随之发生或急或缓、或曲或直、或连或断、或虚或实、或浓或淡、或巧或拙的变化，从线条的流动中，我们能够读出书写者的心境。比如我们所知道的"天下第二行书"——颜真卿的《祭侄文稿》,该文稿是颜真卿得知侄儿被安史叛军杀害后,应情写就的一篇悼文。观此作品,我们仿佛可以跟着每个字的变化流动,来感知颜真卿当时的情绪变化。文章开头比较缓和,隐隐悲痛被压抑着,书至篇中的时候,线条明显开始随着用笔速度的加快而激动起来,可见颜真卿的情感随着书写文章的深入,被慢慢激发出,直至结尾"呜呼哀哉",他失去亲人的悲痛之情以及对叛军的痛恨之情才完全爆发出来,不能自已。其用线条创造出的美,是一种物我两忘的"天人合一"的状态。

(二)汉字造型的书法美的表现方式

1. 书法的"势"的表现

书法,借"势"扬"意"。"势"是指气势、态势、姿势、形势等。从用笔的角度来看,有侧势(侧锋)、正势(中锋),从线条的角度来看,有执势、挑势、钩势、竖势、横势、撇势、点势等。从根本上讲,书法艺术是"势"的综合展现,书法的神采离开线条的力度将不复存在,但是求力必先识势。"势"是生命力、韵律、动感、力的展现,在书法中,"势"通常隐含于章法、结构、笔意之中。书法利用章法形势、笔势、字势、书势等"势"的展现,让受众的心理和视线随着"势"的升腾跌宕产生意象刺激,从而唤起丰富联想。"势"可以展现出生命运动的趋势和充沛的力量感,创造出"气韵流动"的鲜活场景。

2. 书法的"意象"表现

书法"意象"的表现我们可以从被称为"天下第一行书"——王羲之的《兰亭序》来分析。这篇绝世作品是王羲之邀当地名士到兰亭举行"拔楔"之礼时,乘酒酣耳热之际,于蚕茧纸上,蘸韦涎墨,提鼠须笔,乘兴疾书。用笔中锋为主,笔画多露锋,表现细腻,牵丝流畅优美。字的结构体势纵长,左低右高。字的大小相应、长短相间、虚实相生。布局上纵有行，横无列，每行又有摇曳动荡，变化多姿，传递出一种妍美清劲的审美意象。

3. 书法的"阴阳"之道

书法的"阴阳"之道，其一表现在用笔刚柔、湿枯、黑白、提按、顿挫、转折、粗细、曲直、向背、疏密、揖让、动静等阴阳互补的矛盾统一形式中；[①]其二，表现在汉字造型的结构空间处理上，在笔画的粗细搭配上，有粗细变化较小的，也有粗细对比强烈的。笔画产生可长可短、可正可斜、可曲可直的表现意象；其三，表现在书法的布白即布局上，主要涉及字与字、行与行之间的关系。书者要按照创作对象的形状、大小等不同形式来安排"计白当黑"。字与字之间的顾盼与呼应也是千姿百态的，要力争做到"存乎一心，运用自如"。通过这几点，体现出了书法的"阴阳"之道。

4. 书法的"线条"表现

除我们上面所说的颜真卿的《祭侄文稿》线条表现出的悲愤激扬的感情之外，书法的线条也有节奏感、动性、立体感、力感、质感几个大方面的表现。书法线条的质感，是指有的粗涩凝重，有的细润华滋，如《书谱》中所谓"重如崩云""轻如蝉翼"，这是审美感受，其实要说明的是线条的质感。又如对线条力度的表现，可以使汉字显得筋骨遒健。简而言之，千变万化的线条可以造成一个个错落有致的美的局面，因此书法的线条是否具有"美"的形式将影响着这个书法作品的意象传达。

（三）汉字造型的书法美在平面设计中的运用

利用汉字的书法美的观念来进行现代平面设计的创作活动，可为设计的创造增添一种全新的切入点，给平面设计以新鲜的动力源。另外，也可以继承和发扬我们中国的传统文化情趣，展现

---

① 戴茜.书法艺术中的节奏[J].艺海，2016（3）：79-81.

出具有鲜明民族审美意蕴的平面设计作品。

1. 书法之"势"在平面设计中的运用

书法笔法和意蕴之间的桥梁是书法。"势"是"意"的延伸升华，也是笔法变化的韵律节奏感。这种"势"的美感在现代平面设计中也同样存在，它拥有集中性、指向性、引导性，控制着画面的视觉主体流向。这种"势"是通过构图，在有疏有密、有急有缓、有聚有散、有张有弛、有开有合、有主有次等各种具体设计上，对物象间的布局安排而最终获得。对于平面设计来说，如何组织设计中面对的具体元素将影响着所含信息的传达是否准确及时。因为现代平面设计的视觉流程和书法的"势"有异曲同工之妙，所以，在设计创作中我们完全可以运用"势"，以书法之"势"来统领整个设计的方向，以有效调动受众的视线，使视觉流程更加流畅、合理、自然地展现给受众，让其更容易理解和解释，从而实现准确无误的传递信息的目的。

2. 书法之"意象"在平面设计中的运用

书法意象的体现为一是对物象整体进行"望文生义"似的处理，二是对物象的某一点进行一种抽象的"意化"处理。

四、汉字造型的民俗意象及其在平面设计中的运用

（一）汉字造型的民俗意象之基本观点

汉字的生命力除了表现在书法艺术上，还尤为强烈地呈现在民间的字体美化装饰上。中国民间的意匠文字具有深厚的百姓文化基础，植根于民间，具有独特的民风审美和民间情趣。从古至今，世世代代，汉字在向士大夫喜好推崇的书法艺术形式发展的同时，在民间也时刻接受着广大劳动人民的爱护和不断的装饰美化。民俗汉字受到习俗、生产、生活、政治、宗教等各方面的影响，蕴藏着华夏儿女最原始的生态和最地道的民风民情和审美趣象，传承着中华民族的艺术特色和精神，表达出中国人对美好生活的向

往和追求，在中国形成了自己独特的生存空间。

　　劳动人民对汉字进行反反复复的装饰和美化的出发点，并不仅仅是因为汉字造型本身具有的审美价值，更重要的是，我们的广大劳动群众还把自己对美好生活的追求和对美的审美理想，以及对生命繁荣兴盛的希望都倾注到了汉字民俗意象的创作中。在这些传统的民俗汉字的后面，我们往往可以发现它们蕴藏着丰富的吉祥寓意和民俗审美心理。这些民俗汉字的造型是人民内心情感的外化和物化，其最初只是源生于人们对自然和宗教崇拜的图形，经过时间的衍变和汉字的成熟，进而延伸出期盼"生命繁衍昌盛，生活富贵康乐"等许多具有美好期望的象征意义。

　　民俗汉字是民间大众在长时间共同思维群体同化中产生的一种原生性符号，如"百寿字""花鸟字"等民俗汉字，它们都具有祈祥纳福、生命繁盛的原始愿望。民俗汉字的创作大都取材自由，其造型不是对物象的机械性变形拼凑，而是更加主动、积极地对民间审美情趣进行原发性的挖掘、利用，从而促进了民俗汉字的意象创造。民俗汉字造型具有随意性、象征性、概括性、抽象性以及原生性，其造型形式丰富多变，材质工具运用灵活，表现手法活泼自由，寓意深长，内涵深厚，妙趣横生。作为大众喜闻乐见的汉字造型，对它们形式与意蕴的传承和再造，同样是我们新时代设计师必须承担的重任。而这些丰富的民俗汉字形式与内涵，也是现代平面设计中不可缺少的灵感源泉和文化基础。

（二）汉字造型的民俗意象的表现方式

1. 将虚拟实的表现

　　民俗汉字的"将虚拟实"就是人们用某种具体的图形来试图对文字进行造型形态的拟化，但是在这个拟化的过程中，由于图形造型十分明朗，从而使文字本身的视觉强度弱化隐藏在了图形之中，若隐若现。汉字被虚化了，图形的意境却一点点实在起来，有时让人分不清是画还是字，这种表现给人们带来一种很强的可赏读的形式，趣味十足。

2. 笔中适形的表现

当书法随着士大夫阶层推动而进入民间生活时，民间百姓对这种高雅的艺术形式进行了另一种活泼的尝试，那就是在确定书法汉字的每一笔画、结构等大形态不发生变化的前提下，在笔画中用一些图形符号对文字进行装饰美化。较之第一种表现汉字的虚，笔中适形毫不影响汉字本身的信息传达。

3. 借口共用的表现

借口共用的民俗意象表现是我们老百姓喜闻乐见的一种造型表现方法，这种表现有一定游戏心理的成分。它是对几个字的相同部分进行互借共用，从而再造出一个包含多字和一定寓意的整体性符号。

第三节　汉字解析重构及其对平面设计的启示

一、汉字解析对平面内设计的启示

中国汉字是通过一个或多个字根以一种二维方式配置在正方形之内组合而成的，因此也有很多人称之为方块字。笔画是构成汉字最小的单位，它们在方寸之间、笔画穿插的合体之上构成了汉字，一方面把形象体现了出来，另一方面把意义也表达了出来，可称之为绝妙。汉字有着非常严谨的结构，大体上分为独体字和合体字。其中，独体字是通过笔画形成的，不容易拆分，例如水、木、火、土等字；合体字是由两个或者多个笔画组合单位以不同的排列方式组合而成的，可以拆分成两个以上的结构块，例如特、街、树等字。文字在现代平面设计领域中，首先起到的作用是传达信息这一基本视觉元素，为了适应读图时代，文字从表情达意的基础功能提升到具备图形语言功能之上，所扮演的角色也不再单纯的是信息载体，而是一种具有独特魅力的视觉要素，与版面中其他构成元素相互影响，一同形成平面的视觉效果，进而体现自我魅力。就平面设计的角度而言，每个汉字、标题以及文章都是一幅独特的平面设计作品。

（一）汉字造字法与平面设计思维方式

汉字是中华民族几千年文化的瑰宝，是世界文化宝库中的一颗璀璨明珠，它以其在世界文字中绝无仅有的，把发音、形象和内涵集于一体的独特魅力，散发出迷人的光彩，渐渐成了世界各国热衷的文化，并被国内外的诸多友人所热爱和追捧。古人将汉字的造字方法总结成象形造字、指事象形造字、会意象形造字、形声象形造字、转注象形造字以及假借象形造字等"六书"。上述我们提到的造字法与世界其他国家的造字法有一定的差别，把汉字独特的一面体现了出来。象形、抽象、创造、求简等中国传统的设计思维模式，是长时间所形成的习惯性思维，在很大程度上影响了平面设计的构思过程。整体而言，平面设计中的形象、抽象以及创造性思维与汉字造字法则都有着异曲同工之处。

1.汉字造字法与形象思维

象形造字法则与平面设计中的形象思维方式有相通之处。汉字造字的"象形"法则源自人们对生活中事物形象和轮廓特征的概括和总结，是对物象外观形象的提炼式表达，是人们观察生活之后进而总结的以"点""线"的方式再现物象形象的视觉符号。把中国人独有的哲学、情感、文化体现了出来，提炼出了地域特征浓厚的世界上独一无二的文字。仔细分析一些汉字之后不难发现，以实际物象为造型基础的汉字发展到今天，其中一些字还保留着事物本来的外形特征，如"山"字的造像特征，还与群山连绵的形态十分相像，而更多的字形已不再具备事物的外形特征，这是因为"象形"是一种造字的方法，而不是一种绘画的方法，其造型与释义的关联性需要约定俗成才行。从汉字的演变史中我们可以发现，早期的象形文字保留的物象形态的基本信息，随着人类文明的不断发展与演变，逐渐形成了现在的结构形态。其间每一次的变化，都保留了变化以前文字形态的基本信息，虽然它一次次地偏离了物象外形的表面特征，但却更加接近了事物的本质和独立意义，成为一个独立式的、精神上的、抽象式的物象，从而最终使文字从直接描摹攀升到象征表达。

"形象思维"是用直观的、具体的形象和事物表面上的现象去解决、总结、凝练、表达问题的思维方式。①形象思维的特点是具体形象性，属于感性认识范畴。在汉字的造字法则中，"象形"造字法则如上述内容，是一种描摹客观物象外形特征的概括总结方法，它的特点是抓住客观事物的外形特征，把物象外观的特点、局部、细节之处加以有效的取舍与概括，是对事物形态在总体上的把握与表达。这种思维方式在平面设计中就是形象思维，是设计者经常用到的习惯性思维方式。形象思维在设计中通常表现为采用动物、植物、人物、自然风景、社会场景等现实形态作为设计中的视觉元素，将其特征进行图形式的简化或将其局部细节形象进行再创造，即通过一些整合、融合等手段将这些局部细节与整个设计中的其他视觉元素协调、统一在一起，以塑造出有艺术感染力的、鲜明的、易理解的、有亲和力的视觉形象。这种形象思维创造出的平面设计作品具有亲和力，直观、易懂，常见于标识设计与商业用途的设计中。2008年北京奥运会运动项目的标识就全部是形象思维的产物，每一项运动的标识都是将运动形象简化后具体地表现出来，这种图形语言不受国界限制，任何人都能

---

① 王一红.平面设计中汉字异化的表现手法研究[J].包装工程，2016,37（6）：172-175.

看得懂。在商业类的平面设计中，形象思维的运用显得尤为重要，因为具体的形象对潜在消费者具有很大的诱惑力。形象思维在平面设计中是一种习惯性的思维，在确定了设计主题之后，通常情况下，最先被调动起来的都是形象思维，与主题相关的形象会首先涌进设计者的脑海，而其他的思维模式都在此基础上产生。

2.汉字造字法与抽象思维

指事、会意造字法则与平面设计中的抽象思维方式有很大的相通之处，指事造字法与会意造字法都体现了汉字的表意性特征。指事造字法就是用具有象征意义的抽象的笔画符号来表现事物的意义，或者是在某一笔画上添加一些指示性的符号来象征某件事。例如"刃"字就是在"刀"字中的一个笔画上添了一个点状的指示性符号，这个"点"就是用抽象的方式表达了"锋利"的概念。会意字则是在其字的笔画构成要素里，以两个或两个以上的字根组合而成的全新概念来体现出汉字的意义。例如"酒"字，这个字分为了两个部分，其中右边的"酉"字表示容器的概念，左边的三点水偏旁代表液体状态的事物，两个字根合起来的新概念就是装在容器里的液体，让人自然而然地联想到"酒"的概念；"解"字是由"刀""牛""角"三个字根组合而成，三个字根合起来的新意义就是用刀来卸牛角，即是"解"的含义；"鸣"字由"口"和"鸟"两个字根组合而成，其合成之后的新意义是唱歌的鸟，"鸣"的意境由此而产生。在浩瀚的中国汉字中，有很多汉字具有极其强烈的表意功能，在穿插的笔画之间就能把事物意义清晰地表达出来，实在是巧妙至极。"抽象思维"是人们在日常生活中，在观察、认识事物的过程中，运用一些判断、提炼、概括、取舍等思维方式，对现实，以一种客观的态度进行非直接的、概括性的反映过程。抽象思维方式属于理性认识的范畴。汉字中的指事、会意造字法就体现了抽象的思维。指事字与前面提到的象形字的主要区别，就是指事字中含有较多的抽象的、与物象形态无关联的元素，这种对事物的间接性概括就是抽象思维在起作用。在平面设计中，抽象思维是将客观事物的外形特征或是事物的本质特征概括成抽象的图形，在二维空间中表达出来，使受众的认识从感性上升到理性。平面设计中的抽象思维方式是以象形思维为基础的思维方式。其实，运用抽象思维方式进行设计，并非一件容易的事，这需要设计者非常透彻地理解事物的本质特征，了解其精髓，并精确地把握住事物的外形特征。运用抽象思维创造出的作品一般都在形式上不直观，但具有较深刻的内涵，能给受众留下一定的想象空间与深刻印象。

3. 汉字造字法与创造性思维

形声、转注、假借造字法则与平面设计中的创造性思维方式有很大的相通之处。形声、转注、假借造字法则充分地展示了汉字的哲学魅力与艺术魅力，体现了中国人的创造性。形声字是既表形又表声的字，表形的部分代表字意，表声的部分代表发音，它是声之象与形之象的融合。如"骑"字，其中"马"表形，是表示意义的部分；"奇"表声，是表示字音的部分。转注字是分类互释地运用汉字，体现了一些汉字的运动发展过程，是语音演变与方言差异化的必然产物。如古代时"考"字的意义同"老"字的意义一样，而现在，"考"字脱离了"老"的意义，转换成了全新的意义。假借字是借用已有的字，表示读音相同而含义不同的字，是一个字有多种用途，通俗点说就是现在的一字多义。

创造性思维是一种具有开拓性的、独创性的思维活动，是以感知、理解、联想等能力为基础的求新性、综合性的心理活动。[①]在古人造字时，当形象思维与抽象思维都不能表达含义时，就会激发出新的思维方式——创造性思维，它也是各种思维的集合体。

---

① 谭大青.论设计中的创造性思维 [J].考试周刊，2009（41）：48-50.

形声、转注、假借造字法就体现了创造性的思维方式。在平面设计中，创造性思维是联想、重组、比喻、嫁接、置换等思维方式的综合运用。设计作品的丰富与深化不能单靠形象思维与抽象思维，多样的思维方式才能创造出新的视觉形象与构成样式。创造性的思维方式能够激发出设计者的激情，使设计者创造出独特的设计手段来再造视觉元素，可以借助图形表达象征意义，可以移花接木，将现实中不相联系的事物接在一起，可以根据需要夸大事物的某一特征，可以添加拟人化的效果来增加幽默感。总之，创造性的思维方式可以创造出丰富多彩的视觉盛宴，是平面设计中最重要的思维方式。

　　古人在造字、用字过程中的思维方式显示了国人观察、概括、表现的智慧与审美情趣，值得平面设计借鉴。

（二）汉字结构对平面设计的启示

　　汉字的字形结构构成遵守了一定的形式美法则。概括地说，美学的中心法则是和谐，而汉字的字形结构处处都体现着和谐的特征，每一个字单独拿出来都给人稳重的感觉，每一种结构都力求保持均衡，无论笔画如何变化，最终都协调地统一在一个方块内。当然，与汉字相通的平面构成也追求美的视觉效果，与汉字结构一样，各式各样的元素在进行排列组合时，也始终在找寻视觉上的和谐感。和谐法则的精髓就是对称。平面构成法则里的重复、聚散、节奏、韵律等，都离不开对称的问题。从视觉上讲，对称是整齐、匀称之美的体现；从心理感觉上讲，对称是协调、和谐之美的体现。对称包含三种形式，即完全对称、近似对称、反转对称。完全对称就是形状相同、面积相等、结构完全一样的对称形式，如汉字中的"朋"字，这一结构中左右面积相等、结构一样。这种形式的对称是一种最原始的构成要素，在平面构成中属于绝对对称，在视觉上显得稳重，但处理不好容易显得呆板，是不太常用的设计手法。近似对称，即形状不完全相同、面积近似、局部结构稍有变化的对称形式，如汉字中的"竹"字，这一结构中左右面积近似，但不完全相等，左右结构雷同，但不完全一样。这种形式的对称在平面构成中是常用的排列组合方法。反转对称，是形状相同、面积一样，但方向相反的对称形式，如汉字中的"火"字，左右彼此反向。在平面构成中，这种形式的对称属于正负形的构成法则，如太极图那样，对称均衡的两个形态彼此相互逆转，在均衡互补中产生图形。这种对称对比强烈，静中有动，极富张力。

再来看看骨骼的问题，汉字结构与平面构成一样，都是暗含骨骼的图形。汉字的骨骼就是汉字的构架，我们小时候学写字时用的田字格本，就算是一般汉字粗略的骨骼。在平面设计当中，这种为了将视觉图形元素进行有秩序的排列而标记、刻画出的有形的或无形的格子、框架、分割线，就是骨骼。

所有的汉字都是方方正正的，每个汉字都能粗略地往田字结构上套，但其实具体到每一个汉字上，其骨骼都不一样。平面构成的骨骼更加明显，无论是哪种构成形式都离不开骨骼的支撑。

这里说的平面构成中的骨骼其实就是对平面的分割。汉字的结构即是对一个小方块的分割，这对平面构成有很大的启示。汉字结构的分割是把一个方块切割成不等份的小格子，小格子以不同的组合次序排列、重叠、交错，每一个分割区域里都填充了不同的笔画组合，这样看来，其实汉字结构就是一种特殊的平面构成。在平面构成里，不同的骨骼造就了不同的画面形式，在骨骼分割出的每一个区域里都有一些视觉元素，这些元素以骨骼框架为基准，如汉字那样，最终找到一种和谐的状态呈现出来。

（三）汉字的文化内涵对平面设计的影响

众所周知，汉字文化博大精深，我们在探究汉字字型结构的时候可以发现诸多汉民族的文化特征。在汉字的构造里蕴含的华夏民族的生活与习俗，折射出了中国特有的哲学思想，经过历朝历代的不断完善与积淀，发展至今，已深深地隐藏在字形结构里，隐藏在一笔一画中。汉字之所以像谜一样深邃，关键的一点就是它包含了深远的文化内涵。

首先，中国汉字之中深藏着中国式的哲学寓意。如"二"字在中国即为"双"，所谓"好事成双""双喜临门"等，具有完满和谐的寓意，是一种对立、互补的整体观念。"三"字在中国代表了完满、稳定的概念，被确立为万物发展的基数。中国自古便将"三"比作天、地、人，象征了天人合一的思想理念，"福、禄、寿""松、竹、梅"等都是将三种具有内在联系的事物联系在一起，从而形成吉祥的意义。"九"字象征"天"，有无限的含义，代表无限多、无限大、无限。单单一个字就能表达出无穷尽的深刻寓意。

另外，汉字之中也浸透着辩证思维的法则。汉民族最早建立阴阳辩证法则的是在周代，自此，辩证的思维方式就慢慢地渗透在了汉字之中。辩证法的精髓就是对立与统一，从矛盾之中找到升华的出路，这体现在汉字之中就是音、形、义的对立与统一。我国自古就注重从整体的、相互关联的角度去理解和把握事物之间的关系，汉字的音、形、义虽然是汉字不同方面的体现，但却能最终找到一个共同的契机紧密地结合在一个整体之中，你中有我、我中有你的相互融合。形声字正体现了汉字在音、形、义方面的融合。比如"爸"字，就是一个上下结构的形声字，"父"表义，"巴"表声，两者以一种上下的位置关系统一了一个整体的字形当中，表现为我们所见到的"爸"的形态。而对立统一的理念对平面设计的影响是非常大的。

（四）汉字的韵律与平面设计的韵律

汉字的书写由于经历过相当长的一段时间的笔墨式的书法

体，因此极具韵律特征。这种中国式的韵律感越来越受到当代设计者的青睐，有很多设计作品尝试了韵律美的展示。

首先，汉字的韵律美在书法体的汉字中表现得淋漓尽致。几千年来，无数书法家写出了各具特色的字体，可谓是仪态万千、风情万种，每一种字体都体现了不一样的韵律。在时代的变迁中，汉字的形式、韵律也在不断地变化着：隋唐之前，"书贵瘦硬"，就是当时书法体的最高标准；到了中唐时期，颜真卿冲破统治，推出"宽厚而肥重"的书法体的新标准……当然，这些展现着不同风采的书法体被频繁地运用到我国现代的平面设计当中，使设计更具古典魅力。书法体汉字的应用赋予了设计一种中国式的韵律。

另外，由笔画构成的汉字本身就具有韵律感，那横、竖、折、提在小小的方块之内体现了细微的节奏，每个汉字里包含的刚与柔、长与短、起与落都极富美感。汉字的韵律美是笔画线条和外部组合状态所表现出来的长短变换、参差错落、顾盼呼应……是一种节奏美、变化美。汉字的韵律是无声的，其韵律之美表现在字形之上，在收、放、急、缓、转、停之处体现出变化的趣味，笔画的走势增添了它的动感美，在无声无息之间就彰显出了形式上的万千变化，达到了无声胜有声境界。汉字字型与其间的笔画运势形成了汉字变幻莫测的韵律，平面设计与之相似，也是要展现一定的韵律，设计中的韵律能够带给人美的概念，给受众留下难忘的印象。

二、汉字在平面设计中的重构

重构，简言之就是在原有的基础上再重新进行进一步的调整。汉字是一个集文明、符号、图画等元素于一身的多元体，可以从很多方面进行重构，比如汉字价值重构、汉字文明重构、汉字图形重构等。汉字在平面设计中的重构离不开汉字字体形态。汉字的字形从甲骨文发展至今，已经发生了翻天覆地的变化，无论在哪个朝代、在哪种制度的社会中都在不断更新造型、重置结构，汉字字型、结构等在不断的调整中发展到了今天的状态。

（一）汉字在传统装饰艺术中重构的形式

我国有很多传统平面装饰艺术形式，在这些装饰艺术中，汉字总要与其他的视觉元素组织在一起，在相互的交织中，汉字通常在形象和结构方面会重新构成一个全新的面貌，这就是传统平面装饰艺术中汉字的重构。它和书法艺术非常相似，但又与书法艺术那种纯粹的形式美感有区别，拥有自身独特的艺术魅力和价值。它是华夏民族特有的艺术形式，是我国装饰艺术和书法艺术范畴的交叉点。铜镜、地面砖石镶嵌、版刻、招幌、家具、刺绣、器具、春联、民间剪纸、印章、牌匾、砚台、碑文、印玺、溶糖浇画、古钱币、年画等都是我国包含汉字形态的传统装饰艺术形式。汉字运用于这些艺术形式当中，形态万千，在民间已经形成了如花鸟字、龟书、鸟迹篆、穗书、蝌蚪文、龙书等妇孺皆知的固定的形态特征。这些都是为了适应一些传统的艺术形式，在长时间内逐渐形成的拥有极强装饰性的汉字造型种类。

我们先来了解瓦当艺术，其是一种以汉字为重要装饰形式的艺术。通常，出现于瓦当的汉字比较朴实明快、简洁大方，造型圆中带方，并有着完整的布局，以篆书和隶书为主。汉字作为一种图案出现，装饰性非常强，实体字占用的空间和空白处比例适当，均为阴文线雕，把以线造型的特点呈现了出来。在瓦当中，汉字的重构不明显，它需要具备装饰趣味和传达意义的功能，相较于普通意义上的汉字没有太大区别。

接下来我们了解一下钱币。钱币是商品流通的价值依据，在欧洲国家中，多数情况下，货币装饰主要是具有纪念意义且有着场景和情节的图案，然而，我国古钱币主要以文字性的图案作为装饰。历代古钱币中的文字装饰和书体形式都不一样。汉字在民间织绣的艺术形式中的应用也比较广泛，如寿衣、鞋垫、门帘等艺术形式中就经常出现以汉字为装饰物的图案，其内容多为多子多孙、长命百岁等吉祥语。在构成形式上，往往是在汉字结构中加入吉祥图案，以达到图中有字、字中携图的穿插效果，使汉字在造型上突破原有的状态，与图形相互融合，从而实现装饰意义上的重构。至于皮影、器具装饰、招幌牌匾、民间剪纸、年画等艺术形式中出现的汉字均呈现出千姿百态的面貌，在此不再描述。这些传统的装饰艺术因其材质的不同会给汉字的重构带来不一样的契机。在这些多姿多彩的艺术形式里，汉字在平面之上重新构建出了不计其数的优秀设计形式，是我国的文化瑰宝。

总的来说，汉字在装饰艺术中的重构主要体现在民间中有着美好寓意的图样与汉字字体结构的结合，或者是直接把具有吉祥寓意的文字作为图案的主要内容，然后在字形上加以变化组合，最终构成汉字装饰图形。民间的创作者大都注重结构的装饰性，也就是汉字的形式美感。

（二）汉字在传统装饰艺术中重构的方法

汉字在平面设计领域中的重构就是把汉字当作普通的视觉元素，在平面的范围之内，将其拆解之后通过一些特殊的设计手法处理，而后再将其重新组合在一起的构成方式。① 重构后的汉字不仅具有汉字符号的意义，而且具备了图示的特征，在形态上，它是基于汉字的基本结构特征，在可读的基础上对原有汉字做出的丰富的、多样的变化效果，是具有独特艺术价值和美感的文字艺术。从设计的角度来看，重构之后的汉字既可以独立运用于作品之中，又可以附加于其他设计作品之上。我们可以在设计中随

---

① 张立斌.论汉字作为设计元素在现代平面设计领域中的运用 [J].技术与教育，2011（1）：15-19.

意地使用汉字图形，因为它凝结着中华民族的智慧，它的形态、神韵、意境、笔顺，它的点画穿插在平面之上产生的疏密对比、虚实共生、计白当黑等方面的特点，赋予了设计作品独特的美感。汉字重构所具有的深厚的文化底蕴、所具备的独特的民族艺术感染力，是任何其他设计语言都无法替代的。

1. 添加的汉字重构方法

在汉字的重构方式中，最常用的是添加，也就是在确保汉字的大体结构以及笔画的情况下，基于汉字结构而扩充装饰性。添加的手段具有多样性，如填空式添加，即将汉字笔画设计成中间空白的状态，在汉字中添加多种装饰性的图形、图案，通常，所添加的装饰物不超出文字笔画轮廓线之外。例如设计"春"字，可以在其中填充树叶的图像，此种添加手法给汉字意义带来了一种具象化的解释，进一步深化了汉字内涵。附加式的添加是另一种添加手段，即将一些新的图形装饰添加到某一汉字笔画之外的图形装饰物，并附着在原有的汉字笔画之外，让汉字的装饰性更强。例如"春"字，可以把树叶和抽象飘带的形象添加在笔画之外，让重构之后的汉字依旧保持原有的结构，在形式上则会出现动感。整个设计中，"春"字如同随风飘动一般，笔画上也似乎长出了树叶，充满生机和趣味性。由此我们能够看出，在平面设计中，汉字的重构可以更好地服务于整体，并生动地传达汉字的符号化特征。除此之外，"春"字经过重构之后，可以搭配底图的氛围，例如搭配小燕子的飞行姿态、方向等形态，与"春"字相映成趣。

添加的设计手法是在平面设计中对汉字进行重构的相对简单的方法。汉字通过这种方法重构之后，可以保持住汉字原形，能够较为直观地在意义上进行传达。同时，这样的方式也便于受众理解，在商业性质的平面设计中使用较多。

2. 笔画变形的汉字重构方法

在汉字重构手法中，笔画变形也比较常见，然而，可以通过多种手段实现变形的创作手法。例如经常用在一些品牌的字体组合中的笔画共用形式的变形方法，这种汉字装饰是以某些笔画的互相借用或共同使用组成一组连在一起的文字组合，看上去似图也似字。

这种变形手法有一定的适用范围，不是所有组合汉字都有此变形的可能性，应先对具体情况进行分析，之后再发挥。这种变形手法让汉字组合看上去凝聚力更强。另外一种变形手法是单独对某汉字的某些笔画进行加粗、弯曲、具象化等形式的改变。这种变形不是随意的、无目的的变形，而是根据整体设计的需求进行的变形装饰设计，其意义在于通过形式的改变强化整体的视觉效果，最终增加汉字图形的生动性，强调汉字的符号含义。

另外，被变形的笔画与未变形的笔画都采用了粗细均匀的线条，它们始终在形式特征上保持着一致，不会让受众觉得变形后的笔画很突兀。在这类设计中，无论汉字笔画如何变化，都要考虑到整体的视觉效果和设计意图。变形的设计手法是汉字重构中比较复杂的一种方式，要求设计者在充分理解汉字造型、结构的基础上把握住全局，其中，整体性是最重要的因素。通过这种方式重构后的汉字比较难于辨认，需要受众以解谜的心态去解读。

3. 笔画取舍的汉字重构方法

在平面设计中对汉字的"取舍"就是选取必要的、值得保留的笔画，而把无关紧要的、在设计中不能体现实际意义的笔画舍弃掉。①汉字的字形结构中体现着无限的意境，有些汉字在缺失掉一部分笔画之后，只要揭示内涵的意境没有丢失，就还能让人隐约地感受到那个字的形态与意义。甚至有时，一些汉字经过一番取舍与变形的重构之后，其所传达出来的意境反而比原来汉字

---

① 田伟.浅谈汉字设计在平面设计中的应用[J].大众文艺，2010（11）：136.

所具备的更加充实。以取舍作为汉字重构手段的设计往往体现出一种含蓄的情境，不具有直观性，需要受众具备一定的审美能力，并经过认真解读后才能领悟到这一汉字图形的内涵。这种类型的汉字图形往往使读者在一种似是而非的意识中恍然大悟，从而在心里留下一个深刻的烙印，很难忘记。

4.形式颠覆的汉字重构方法

汉字重构的几个设计手法中，将其形式完全颠覆是一种比较难的设计方式，需要设计者具备深厚的文化底蕴、长期的设计经验和较高的审美水平。汉字在形式上的颠覆是指汉字在形式上完全失去了其原本的面貌，而以其他的视觉元素来代替汉字的笔画，构成一个全新形式的汉字，其使汉字失去了其符号的属性，转换成了一种完全意义上的图形，在这个图形里面找不到汉字具体笔画的影子。汉字在形式上的颠覆可以说是用视觉元素堆砌了一个汉字大体的造型影像，它借用了汉字的意义来补充图形所要表达的内涵。汉字颠覆形式的重构方式使设计作品能够表现出浓厚的文化特质，使观众在欣赏时能够像读书一样循序渐进地读到作品中去，品味其中的奥妙，在离去之时，还能感到意犹未尽，体验到回味无穷的乐趣。

其实，汉字在平面设计中的构成方式有很多，以上的分类只是一个大体上的归纳，而且上述不同的手法，在许多情况下也是很难划分的，有时一个设计中会用到两种以上的重构方式，这也正是汉字创意的丰富性所在。

（三）汉字在平面设计中重构的创意思维

创意思维决定了创作手法的选择，是整个设计过程的指导思想。汉字在平面设计中的重构意在将可读的符号转变为视觉上的语言，因此，汉字重构的创意思维，首先应力求"以形写意"——形式上的表意性。汉字作为一种传达信息的视觉符号，其本身隐含着特定的含义，这些特定的含义都是透过真实存在的汉字实体造型体现出来的，将汉字进行重构时，最先要考虑到的就是新的构成形式还能不能表达出汉字的本意，能不能体现出作者想要传达的引申意义。"以形写意"的设计思维就是要求汉字在平面设计中的注重形式方面与意义方面的结合，要通过意义来塑造形象，通过形象来表达意义，使文字完成由"意"到"形"的转换。

创意思维其次要力求做到"旁征博引"，就是依据汉字字形的客观存在形式，在把握住这一汉字字形的独特特征与内在精神内涵的基础之上，打破其固有的外观形象。打破表象的方法就是展开丰富而深入的联想与想象，捕捉那些与设计主题相关的意象，将自己的主观感受融入表现对象之中，通过一些巧妙的表现手法，最终使重构之后的形式具有象征意义。这种思维方式就如同文学作品中经常运用的暗喻、假借、通感等创作手法一样，要使表现对象也具有触类旁通、抛砖引玉的效果。汉字重构的过程中也应该借用文学作品中常用的那些手法来打破固有的思维模式，寻求意义上的抽象表现。

其实，每个人都因具有自己的特性才导致了思维的多样性，地域的不同、习惯的不同、知识结构的不同等都决定着其思维方式的不同，而思维方式的迥异又造成了设计作品中的个性特征，因此汉字在平面设计中能重构出不计其数的新鲜的艺术形式，它丰富了设计形态，也丰富了我们的生活。

第四节　汉字现代设计中民族元素的融入

一、汉字现代设计中民族元素融入的含义

字体，是技术和制图中的一般规定术语，是指图中数字、字母、文字的书写形式，包含文字的结构形式（指楷书、草书、隶书、

篆书、行书等汉字字体）和字体的流派或风格特点两个方面。字体是应用于所有字母字符、符号、数字的图形设计，还称之为"字样"或者"样式"，"字体设计"对于设计师而言是指怎样对文字的"体"进行设计。这个体指字的外形样式。"汉字字体设计"指以汉字为对象的字体样式设计行为。"汉字字体设计"所设计出来的一定要是新字体，新旧字体需要有一定差异，差异足够大才能承认字体的新。严格意义上讲，真正的字体设计需要具备字的内部结构以及笔画等构成元素在造型层次上的变化。

具体而言，在现代汉字设计中融入民族元素，是多角度地在字体设计中吸收中华民族图形，并与字体设计有效融合。中华民族图形丰富多彩，将民族形象融合在字体设计中并非难事，诸多文化宝库有待我们挖掘，如传统窗花剪纸、建筑纹样、衣物上的吉祥纹样、陶瓷纹样等，都是轻而易举便能够进行艺术再加工，之后，就可巧妙地融入字体设计当中。目前，平面设计师要在保留汉字基本造型形态的前提下，与中华传统样式图形元素有效融合，进而丰富字的内涵，采用诸多手法改变汉字的样式。各个国家字体设计师的共同愿望是，想要把浓厚的民族味道体现在字体设计作品中，作为中国设计师，要懂得珍惜中国广博悠久的文化，主动把工作做好，进一步弘扬中华文化。

二、汉字与民族图形融合的内因

（一）字形派于图形

汉字源自象形图画，汉字简化发展至今依旧保有图形的痕迹，其实，也可以说它是一种符号化、抽象化了的图形，因此，汉字具备将近亲式民族图形融合的优势。我国在有文字之前，图形便是最原始的信息传播媒介，所有的信息都用图的方式进行记录，将图形逐渐简化为符号，进而有了我们今天所看到的汉字。从汉字的演变很容易看出：象形字的直接、甲骨文的表述、金文的曲折舒适、石鼓文的曲折自如、篆书的纵横合度、隶书的布局完美、楷书的刚柔相济、行书的纵情挥洒、草书的淋漓尽致、活字的空间构造，这独特的审美情趣、特有的形式构造，使汉字形态源自文化特殊的图形所构成的审美意味得到证实，并把汉字和图形的深刻渊源叙述了出来，这样的渊源便是两者相互融合的内在契合点。

汉字源自图形，所以，在构造汉字的时候，具有同中华其他图形样式贯通一致的组织方式和布局。就性质上而言，汉字是作为与水墨画等并行的图形图像艺术在中国发展的另外一条支线。其实，汉字的造型是通过汉字的笔画进行整理组合进而形成的图形艺术，它的造型来源把"意"以及美化装饰的要求强调了出来，所有的汉字均是一个优美的构成图形，其将离合、疏密、大小、韵律、节奏、长短等美的法则蕴含其中，并具有丰富的呈现形式，值得我们深层次研究。这些形式很容易在组合图形中与融入的图形具有相同的内在呼应。

（二）字形方正

在民族图形中，方正的字形把曲线造型的不稳定感所存在的不足进行了弥补。很大程度上，民族图形具有一定的装饰性，通过分析得出，通常，装饰性纹样的外在形式以曲线为主，然而，曲线远远比不上横平竖直的水平和垂直造型稳定，因此，通过对比可以认识到，曲线的民族图像具有不稳定因素。可想而知，把这样的图形纹样放在不稳定的形象上，组合造型势必会出现不稳定感。呈方形的图形上适合嫁接民族图形，文字恰好是方正的造型，因此具备将民族图形进行有效融合的优势。

（三）组合排列方正

汉字是方块字形，这对于融合民族图形的应用具有先天优势。单字均为方形在排版上占据很大优势，这是因为外观为方形的字整齐规则，易于板式的整洁，同时也能强化秩序味道，与现代主义版式的方形块面的堆叠规则相符。块字并排可以连接成等粗的线，从左向右的阅读会非常顺畅，与人体视觉的生理特点以及阅读习惯自然相符。阅读文字是自左向右横向进行阅读的，人的心理和生理会对人眼视线流动的顺序造成一定的影响，然而，习惯的心理是从左向右的，这符合人的视觉生理特点，让读者拥有一种相对平稳的舒适感。方块字字形进一步强化了板块的秩序感，使得整个版面更加流畅整齐，这样的效果会让版面拥有清晰的脉络。

（四）内部构造丰富

汉字和图像是同根同源的，在搭建汉字的过程中，其内部结构与民族图样的内部组合方式是相同的。这是因为汉字图形的造字本源源自象形文字，与其他图像艺术相通。汉字发展过程中，在逐渐简化的同时也将诸多艺术的审美融入其中，一直以来，传统上，汉字便具有强调装饰美感以及象征的成分，中国汉字在历史上用作装饰也具有丰富的经验，既然汉字设计的字体是方形的，那么，基本上避免了汉字字与字之间的间距问题，与此同时，对于处理和推敲汉字内部笔画问题也非常严密。

简言之，从汉字的传统设计方式中便可以看出，所有的汉字均为被简化了的图画，但是，在其内部的章法却非常严谨。从严格意义上讲，汉字设计是置于田字格当中的，根据大小对比视错觉的理论，中宫放松的设计原理，在有限的空间中把字面加大了，从而进一步强化了字体的视觉诉求力。汉字在构造上规则众多，通常，视觉对象基本上是上部相较于下部要紧，即上紧下松，左侧大于右侧，即左紧右松，中间相比周围的边缘要紧，即内紧外松，迎合视觉心理。除此之外，大字需要注意的是要力求稳定，内部结构要紧密一些，小字在造型上要宽松，并且尽可能向外伸展，进而将空间感觉扩张起来，不至于非常瘦小。与此同时，避免笔画太过纤细瘦弱不稳，进而也需要适当地将其加粗。然而，字母类的字形相对来说过于简单，基本上，所有的字母都是一笔或两三笔简洁地书写出来的，这种内容很难如同汉字一般把更加丰富的形象变化组合出来，更何谈搭建复杂的内部结构，甚至如同图案一般去做复杂的构成呢？因此，相对而言，字母类文字难以像以装饰纹样为代表的民族图形那样进行有效融合。然而，就多个角度而言，有着方块外形且内部复杂的汉字，具有结构与外形上适合与民族图像有效融合的优势。

三、民族图形融入汉字字体设计的意义

（一）宣扬民族文化

与其他民族图形艺术相同，汉字也是中华文化的典型载体。曾经，汉字字体文化是中华历史文化中最璀璨的一支，然而，汉字在现在的数字社会中，忽略了其字体文化价值，在迷失的市场中，产业创造力和生产力艰难前行，之前已经延续了数千年的历史光辉也不复存在。现如今，通过对现实的审视，怎样把汉字字体的价值重新建构起来是字体发展道路中的重要议题。此处需要强调的是，在设计汉字字体的过程中，与民族图形有效融合，是一种可行性比较高的丰富字体设计和借此宣扬民族文化的重要方式。

就艺术发展层面而言，任何地区或者民族的传统艺术，都与民间艺术关联甚密。基本上，诸多国家传统艺术的形成因素与民间艺术有很大关系，并且，有的传统艺术是与民间艺术进行有效融合进而得以发展的，例如非洲的木雕艺术、西亚的伊斯兰艺术、日本浮世绘艺术中的人物造型、中国陶瓷品种中的青花纹样等，它们都将浓郁的民间民俗特征涵盖在内。各个国家的艺术家们所创作出来的诸多作品的确具有典型的民族特色，因此获得各国艺

术家的赞赏。基于此，我们能够认识到民俗和民间艺术与传统艺术之间的共性和个性。作者认为，很有必要在现代设计作品中融入我们的民族图形，以此对这些优秀的艺术瑰宝进行丰富并继承。字体设计作为图形艺术的范畴，应该从民族传统图形当中吸收营养，从而进一步把自己完善起来。

在汉字字体发展过程中，文化传承以及现代社会的运用层面，对其构建新的空间显得尤为重要。纵观当下，汉字艺术以及运用方面还没有被大众所重视。目前，产业运用的环境依旧不是很规范、成熟，在重视和保护知识产权上，可提升的空间依旧还很大，对于汉字字体的开发设计和运用上，远远没有达到与其他字体市场相当的发展空间。这与汉字相对于其他文字所具备的价值不相称，我们把这个研究做好也是一种有利的补充。

（二）字体风格多元化

汉字字体设计突破现代主义潮流缺陷的方向是融合民族图形到字体的设计中。字体设计在现代设计风潮下，最主要的特征是把功能主义集中体现了出来，就字体设计而言，简洁而且方便辨别是其功能性的要求，这一要求强调识别性以及识别的速度，基于此，在汉字的设计中以黑体为代表的简化笔画造型设计出现了。这样的字体基本上删除了以传统宋体字为代表的字体样式的笔画装饰，采用等宽的笔画对汉字进行搭建。这种设计把视觉传达和字体识别的明晰性进一步加强了，并把字体信息的承载功能强调了出来。但是，伴随时间的流逝，这种只求功能删减的其他设计带来了重大的负面效应，这样一来，体现出了字体中民族文化积淀以及文化承载性的不足，同时也损失了美感，而且字体之间的区别性较小，压缩了设计字体的余地，进而把千篇一律的单调化以及概念化设计体现了出来，这便是过多强调功能的现代主义给字体设计领域带来的重大负面效应。

现代主义设计的哲学要义之一便是功能主义，这种哲学下的造型和外观所体现出的力度把工业技术对自然的征服鲜明地表达了出来，让人极易联想到机械化大生产的标准化，并把设计对大生产技术的适应直接体现了出来。现代主义设计的典型风格是"少就是多"，同时，"少就是多"也是现代主义哲学在造型以及形式上的表现。要求设计元素时尽可能一致，否则就是不单纯的设计；设计不可参考历史上任何已经具有的东西，否则就是模仿；要求设计不要进行装饰，似乎装饰是罪恶；若是设计需要表现什么，便是结构自身设计的造型简单、整齐，基于如此的原则设计会使得作品过于浅薄和单调。

基于后现代主义概念的背景下，当前字体设计的趋势是将现代字体设计突破，向传统字体寻找元素，推动当下的样式去丰富和发展。笔者认为，就大的角度而言，作为中国设计师，就应该基于当下的设计创新时代，探索创新中国设计；就具体到小的角度而言，将现代字体设计和传统的图形进行有效融合，是非常有意义的设计实验。字体形式自身具有个性化以及多样化的内在需求。基本上，大家都认同字体设计的"多样化，个性化，百花齐放"的发展趋势。现在，英文的字体有几万种，日文字库有 3000 多款，中国内地、台湾和香港的汉字字库更是多达 900 多种，汉字字体的发展空间非常大。目前，几百种的中文字库中，达到用户满意程度的字几乎没有几种。随着计算机技术的发展，传统字体设计的工艺非常滞后，有些字体设计师先后歇业，老一辈的设计专家逐渐老去，所以，研究字体的设计人员不足，使得字体设计即将成为失传的工艺。目前，设计师应该致力于如何让汉字变得更漂亮，尤其如今手写习惯逐渐败落，我们不能丢掉以书法为代表的强调多样化的传统精神。多种字体样式并存是目前的一个新自由，也是做好具有中国特色的设计领地内工作的基本要求，所以，作为新时代的字体设计师，需要做好字体样式上的多样化，尤其是创新字体的样式需要给予一定的鼓励。要清楚，汉字若是失去了想象力和创新精神，就没有了原动力，在新样式的设计上，我们要把想象力和创造性都充分体现出来，进一步促进汉字字体设计大发展的设计盛世。

（三）技术进步

字体样式的发展受到字体技术发展的影响。一般层面上，通常人们会从艺术层面考察汉字的演变，但是，技术也约束着艺术的推进和发展，其实在汉字字体艺术演进背后，也是一部技术的进化史。甲骨文的字体风格，刻画的痕迹非常明显。篆书之所以写成长体，是源自竹简的形状，竹简是窄长条，这样字体无法向左右横向展开。有些字表示四蹄动物，若是将其写在竹简上，则需要侧过身子，于是出现了头上尾下四蹄向左的形状。竹简对字带来的约束直到发明纸之后才得以打破。在宽幅的纸张上，书写者可以连续运笔，如此一来，草书、行书等新字体便出现了，因此纸张也成了汉字书法艺术的重要技术基础。技术对文字造成影响最典型的例子是雕版与活字印刷，使得汉字字体出现了从未有过的新类别——印刷体。若是没有技术进步的推动，字体艺术便不会顺利演进，因此技术是促进字体演进的重要因素。

目前，字体技术的革命性进步促进了民族图形的融入。目前字体使用已经进入计算机时代，无论是复杂字体还是简单字体的调用，在输入速度上毫无劣势，进而，大规模设计与使用装饰性字体成为可能。

人们通过汉字字体，看到了较深的技术印记。基于计算机时代的科技飞跃，会让汉字更加辉煌灿烂。个性化字库的制作需求已逐渐显现价值。这样一来，为字体设计更好地延续和实现价值的增值给予了一定的支持，同时也对更多喜爱汉字的人给予鼓舞，让他们可以投入到更多与汉字应用以及发展有关的工作当中。

（四）设计界新潮流

基于世界经济多元化趋势下，在文化创意产业的典型形式中体现出文化风格是尤为重要的。我们在设计字体时要把民族特性强调出来，中国设计师不但要有文化推广传播的意识，世界各个国家，从政府到设计师都要积极去做这项工作，特别是字体设计方面。我们与西方设计相比，可以比较明显地看出，英文字在诸多国际性产品包装设计上不再单单出现了。欧洲各国在欧洲经济一体化发展过程中，为平面设计的发展起到了一定的帮助作用，也带来了便利的条件。在产品包装上，他们不单标注英文，更多国家会在醒目的位置上标注本民族的文字，英文文字只是起到补充注释的作用。

西方国家之所以这样做，在强调了把自己的产品推向世界的同时，对民族文化和产品也要一同推向世界。即便是共同处在东方的亚洲国家，也认识到要把本国的创意文化发展起来，将文化产业作为国家的重要经济增长点，其体现在日本和韩国商品的产品包装以及宣传上。相较之前，他们的作品更加强调，要在产品设计上把民族独有的风格体现出来。日本形成了较为明显的东方文化设计风格，并且有着深远的影响，目前，中文演变成的日本字字体设计是其设计界的一个重要领域，日本的诸多设计师都是专门从事字体设计的，他们每年都举办诸多字体设计比赛。我们要清楚，与西方文字进行区别的重要文化图像是方块字，日本人对字体设计的重视也体现出他们对民族文化的重视，而且，日本字体设计的诸多样式的变化元素源自日本其他文化图形，从而把文化融入字体设计当中。韩国也如此，甚至在韩国设计的时尚产品上都可以看到民族造型的影响，其与欧美西方的韵味完全不同，在设计中与民族性进行有效融合，以顺应国内设计潮流。对汉字的发展过程以及基于汉字和民族文化关系的了解，我们便可以进一步了解汉字和汉字字体设计的关联，以及汉字字体设计与民族文化两者之间的关系，所以我们要意识到，处理问题的关键在于汉字字体设计与民族文化的有效融合。汉字字体设计与民族文化真正意义上的融合是关乎发展与应用艺术设计的重要问题。

在不同的实用设计领域中，汉字字体设计具有不同的融合表现。如汉字在视觉传达艺术设计中具有发挥着民族韵味的特殊意义，通过汉字形态作为主要形式去推广宣传品、产品包装、企业标识、书籍封面、海报等，这样一来，本民族的文化发展可以得到更快更好的推广，从而使得所承载着汉字字体设计的艺术载体更具有民族特性。由于这些表现形式中都融入了汉字元素，从而使得艺术作品把推广中华艺术的作用强调了出来。在视觉传达设计学科领域中，汉字字体设计的作用最广泛，并且应成为设计者必备的构成元素。

在国内诸多设计领域中，已经广泛开展了民族图形融合设计，字体设计也应该与时俱进，顺应潮流。在视觉穿搭中，字体设计起到重要作用；在数字媒体设计、装饰艺术设计、卡通漫画设计、服装设计、环境艺术设计中也融入民族特色设计理念，而且为民族文化发展起到了一定的促进和推动作用。在环境艺术设计领域，在古老的中式建筑和古朴室内设计上都能够看到汉字的身影。就最基本的而言，"门"字的诞生把象形文字和环境艺术最基本的联系说明了。诸多建筑中，衡量建筑的结构风格会以汉字的字形及字体为标准进行衡量。室内装饰中，汉字字体设计把装饰风格中带有的"中式味道"体现了出来；在服装设计领域，潮流逐渐将民族特性体现了出来；在服饰的纹样和款式上，或多或少的汉字字体设计作品出现了。还有诸多以民族化为背景的国内服装企业的品牌名称和标识，他们深刻意识到"民族的才是世界的"。字体设计不能在国内"民族风"潮流中落伍。

四、民族图形融入汉字字体设计的要求

（一）保持识别性

即使融合设计非常适合视觉审美需求，我们也要掌控好融合的程度，切不可为了融合而进行融合，需要注意的是，切不可丢掉文字的识别性。传达是文字的第一要义，而文字的天然责任则是将其所代表的含义传达出来，这也是文字区别于纯文字的关键之处。在设计中，保护好这一功能的要义其实就是对文字识别性的有效保护，即让大众可以辨别出这是什么字，基于此再进行变化性的融合设计。变化性融合是基于传达目的之上的，是应用在设计中的必然趋势。

识别性与刻意制造的新变化性融合之间其实是一种辩证关系。识别性作为字体的首要因素，是无论何时也不能否认的基本必需条件，但是，我们也要变化样式设计再熟悉不过的字体。"融合设计"这一词汇天然带着变化性融合之意，因为与大众相同的字体设计算不上是设计，只能说是抄袭。作为想进行融合性设计的设计师，我们一定要在保持字体识别性的前提下去主动做变化性融合。这是由于常规的字体形象虽然具备了传达本意的功能，但是因其太普通、太常见而很难引起人们强烈的视觉感受，传达效果自然不会特别突出，所以必须变化。

要想兼顾好文字的识别性与融合设计的自由度这一对辩证关系的矛盾，就需要设计师牢牢把握住所要设计的对象特征。每个文字都有区别于其他文字的特点，这是每个文字都能被单独创造出来并能区别于其他字的本源。两个差距大的字的差别点无疑是容易被把握的，但在这里，关键要做好的一个点就是要注意保持相似字的差别，在设计时要确保该文字与相似字的区别不要失去。

（二）新形态的再创造

1. 新形态再造的重要性

融合设计不是简单地将原始的民族图形与字体直接相加，而是必须经过对原始民族图形进行再创造，设计出真正原创且明确针对主题需要的图形，才算做好了真正融合设计的前期准备。真正的融合性设计首先是对需要融合的文字字体进行适应性修整，然后再对两者去执行融合，这样才是真正有机融合的设计。而现实中的一个误区是：一些设计师对使用民族图形进行字体设计的理解比较肤浅，往往谈到使用民族图形即认为是调用图库的纹样，然后在字体上找个位置草草地粘贴上即可。这样的设计不能真正把被融合对象与融合对象内在性地合成为一体，自然存在着缝合感，即使选择的位置是恰当的，也不能消除掉内在的割裂感，这样的融合是假融合与伪融合。要明确认识到新图形必须是对传统图形的再创作，而不是简单地调用民族图形即能完成的。

2. 新形态再造的关键

首先是要将两个元素进行自身形体特征上的一致化处理。每个形体都是有自身特征的，对一个形体的特征可以从很多角度去考核，比如从粗细角度、点线面角度、方向性角度等都可衡量评定一个形体的特点。在这里，我们仅仅从最基本的方、圆、角的角度去讲解。一般来说，形体从方、圆、角的角度去看的话，不外乎四种选择，它或者是方的或者是圆的或者是角的，再复杂点即是混合形体。一个形体有其特征，但两个形体要做融合的时候，我们会发现两个形体的特征通常是不一致的。往往在谈融合的时候，我们先要考虑尽力使得两个形体取得一致性，把这两个形体具备的相似性作为基本的融合前提。这样说并不是否定不一致的形体也可能得到完美的融合效果，但是通常来说，具备足够大的相似性的两个形体是比较好进行融合设计的。明确了如此的基本方向后，我们就要设法去改造其中的一个形体，以此来适应另一个形体的特征，或者双方都往一个方向上做适当的修改，以取得一个中和点的融合接口，形成一个新的形体。

其次是要将融合双方的结构组合衔接点进行合理的接收与融合处理。在前面形体进行调和后，还要注重的是结构上的组合方式。我们知道每个字都是能够独立成型的完整整体，被组合出来的纹样也是独立成型的个体，那么此时如何将两个相对完善的个体再各自打开进行对接呢？要处理好这个问题就要发挥设计师的设计能力，去比较两个经过处理的形体在组合结构上的合理切入点与结合点，否则依然可能把两个本可能自然融合的形体处理得很不理想，甚至会彻底失败，从而使得上一步骤中重整两个形体的前期准备工作前功尽弃。由此可知，真正的内在性融合设计还需要把握字体与纹样的融合点，只有做好这项工作，才能完整地完成融合设计工作。

（三）形象与意象

1. 形象的含义与意义

形象主要是指形体外观。广义的"形"的概念是所有与形相关的可视形态的统称；狭义的"形"的概念则是指具体的图形、形状等。[①]"形"主要通过视觉感知传达，视觉就是通过人的视觉器官来感知某一客观事物在某一特定时空的一种最初级的认识活动。视觉语言是用视觉表达思想感情的手段，它通过造型媒介和语言手法表现出来。现代设计的理论首先是着眼于视觉。对于汉字设计这一对象的把握，以视觉语言为基准的研究意识，更为集中地体现为一种对即时的视觉效应的追求，是在生命感应之流的多维上截取的一个精粹的断面，是智性和感性的凝结。汉字设

① 韩大勇.民族图形融入汉字字体设计研究[M].江南大学出版社，2008：126.

计的研究以"形"视觉语言为基点，在于更好地理解汉字设计何以实现表现的精确和视觉沟通的顺畅。字体具有两方面的作用：一是实现字义与语义的功能，二是美学效应。首先需要强调的是要通过满足文字的图形化对传统纹样的融合，即是强调它的美学效应，把记号性的文字作为图形元素来表现，同时又强化了它原有的功能。作为字体设计者，既可以按照常规的方式来设置字体，也可以对字体进行艺术化的设计。无论怎样，一切都应围绕如何更出色地实现自己的设计目标，将文字图形化、意象化，以更富创意的形式表达出深层的设计思想，从而达到理想的传达效果。这里面对形态的把握与设计即使是表层的也是不可或缺的，即形态的结合塑造是基础。从辩证唯物主义的角度来说，世界是物质的，物质决定意识，更高层次的意境与气质的表达要牢牢建立在字体形态的合理组合上。

2. 意象的含义与意义

做设计不仅要从形态视觉效果上去组合出一个漂亮的对象，更要求深究到更高的高度，也就是作品是否体现出应有的气质。从设计艺术的角度说，传统意义上，人们往往把设计的内涵、设计的思想概括为"意"。《辞海》中，"意"有"意思、意味"等解释。由此解而延伸出意匠、意图、意象、意义、含意、意味、意趣、意蕴等相关含义的词语。宗白华先生曾引述江顺贻的话："始境，情胜也；又境，气胜也；终境，格胜也。"

设计之"意"是审美心理活动的产物，必然伴随着情感活动。"意"又是以情为基础，既产生于情又是情的表现。作为设计艺术，必须以客观具体的物象为基础，以主体真挚的情意为主导，使两者在思维中化合为设计之意象，借助于一定的技术与艺术手段物化为设计产品。设计创造中的客观物象与主观情思过"意"这一中介得到过渡、融合、升华，从而使设计超越了一般平常化的现实原貌，成为一种积极的表现和创造。汉字是一个载体，这个载体担负任务传达——"意"的发现和创造、交流与理解，即视觉语言除了体现理性思维的形式结果外，还在于透过视觉语言内在的思想和情感，界定设计所要传达的意念，促成设计创造与观者的良性对话，实现有效的沟通与传达。汉字设计不单是字体外"形"的设计，还要以汉字的内容为依据进行艺术处理，使之生动，其中包括形式美给予人的情感渲染，这是趣味格调的表征。

3. 形象与意象融合的内在关系

总体来讲，"形"与"意"所指的是两种不同性质的概念。"形"虽是人造之物，但却是人有意识、有目的的创造性活动，和"意"有着天然又十分密切的关系。而"意"属于意识形态，可与"形"等客观事物相分离，以概念和印象的方式存在于人们的思维和记忆之中，也可通过"形"引起和影响认识与评价。因此"形"与"意"之间融合的方式之一是由"意"去创造"形"，即先立"意"，或者先创"意"，根据"意"的特点和表达"意"的要求去寻找、选择、加工组织、探索与创造适合的"形"，使"形"成为承载"意"的载体；方式之二是由"形"去引发"意"，这就要求设计者赋予"形"引人注目的视觉魅力，使"形"在观者的直觉中、认识后，有所感悟、有所意识。如上所述，优秀的汉字设计的"形"是设计的外表构成，或美观、方便、实用，或个性、独特，是直观造型的静止之美。汉字设计的"意"是设计的内在构成，或具有丰富的信息传达，或可感悟到传统的文化意蕴，或有着超凡脱俗的创意，或给人以潜意识的启示，是内容活性化的流动之美。经常有这样的语言形容："形意相偕""笔不到意到""形有限而意无穷""一形多意"等，只有"形"与"意"的完美结合，随人们的视觉、心理、应用及审美的需要而发展，才有可能形成以形表意、以意传情的汉字设计构成，并凝聚特有的形象观念与审美心态，共同演绎汉字设计的整体形态效果。

五、民族图形融入汉字字体设计的方式

（一）汉字与图案融合的方式

很多种类的图案美术中，我们要从意向和形象上去借鉴和融合，总体而言，可从下列三个角度去学习并转化为字体设计的融入方式。

1. 借鉴其内在气质与外在形体的和谐性

图案的和谐性很值得我们去借鉴。我国传统艺术对材与艺、心与手、文与质、用与美、人与物、形与神等因素相互间的关系比较重视，提倡"和"对"宜"。追求"和""宜"的理想境界，使得我国工艺美术体现出了高度的和谐性。我们在对这种图形的经典样式进行观察的时候通常会被它的和谐效果所感动。整体而言，工艺美术图形的和谐性包含材质工技与意匠营构的和谐统一，感性的关系与理性规范的和谐统一，实用性与审美性的和谐统一，内涵的精神意蕴与外观的物质形态的和谐统一。对这些角度的和谐感有所领会和学习，有利于设计师设计融合性字体。

2. 借鉴其形象与意象的飘逸与灵动性

中国工艺思想提倡心物统一，要求"得心应手"，"质则人身，文象阴阳"，在造物上体现出主体人的生命灵性。一直以来，中国传统工艺造物在装饰与造型上有着S形的结构范式，并富有生命的韵律和运动感，从而使得中国工艺造物在规范严整中又显变化活跃、疏朗空灵。若是字体设计融合出这种境界，无疑是生动的作品，而且更能强化感染力，能够把超凡脱俗的气息体现出来。

3. 借鉴其做工与刻画的细致工巧性

中国工艺美术的一贯传统是讲求和注重工艺加工技术。工匠通过丰富的造物实践对其产生的审美效应有所关注，并且，有意识地在这两种不同的趣味指向上对工巧的审美理想境界予以追求：去刻意雕琢之迹的浑然天成之工巧性，和尽情微穷奇绝之雕镂画绩的

工巧性。细节是字体设计的点睛之笔，基于对大体和格局的重视，若是我们可以借鉴传统工艺中的精巧效果，就可以把字体设计与融合设计的作品层次提高。

图案是装饰和实用有效融合的一种美术形式，通过整理、加工、变化生活中的自然形象，让其可以更加完美、更符合实际应用。对图案的基础知识和技能要系统地了解、掌握，这样，美的欣赏能力才可以提升，与此同时，在实际应用中也可以创造美，获得美的享受。

（二）汉字与民间美术图形融合的方式

通常，民间美术图形指的是由我国人民群众所创作的，应用并流行于日常生活当中的，主要为了美化环境、丰富民间风俗的活动。民间美术是构成中华民族美术传统的重要因素，在风格和造型上有着明显的民间艺术特色。其概念中的类别主要指的是在普通民众当中所流行的刺绣、剪纸、印染、服装缝制，它们源自群众之手，并且，对社会生活具有美化、装饰、丰富的作用，把人民群众的愿望、心理、信仰和道德观念表达了出来，世代相沿的同时也在不断地创新和发展，成为具有民族乡土特色的优美艺术形式。

1.借鉴民间美术中的天趣性

在装饰或者造型上会尊重材料的规定性，把材料的优势充分利用或者显示出来。这种卓越的意匠让我国民间美术造物自然天真。祥和是民间美术的核心价值观，同时也是人间和社会的一种较高的境界，把人们之间以及人们与自然之间的"天人合一"包含在内，把恬淡优雅的情致与趣味体现了出来。在字体设计中，我们可以借鉴其利用材质之美，把粗犷而淳朴的艺术效果营造出来，让天趣和天然在字体设计作品的气质中浮现。①

2. 借鉴民间美术作品中的象征性

一直以来，中国民间美术思想对造物在伦理道德上的感化作用比较重视。其把物用的感官愉快和审美的情感满足的联系进行了强调，与此同时，并要求这一联系要与伦理道德相符，受制于强烈的伦理意识。如一般情况下，中国传统工艺造物具有特定的寓意，凭借色彩、尺度、体量、造型、纹饰等象征性地喻示伦理道德观念。这样一来，通常可以让其脱离矫饰之态或物用功效的损害。换言之，更多的以生产者自身的功利意愿为象征内涵的民间工艺美术会显得活力四射、刚健质朴。借鉴民间美术在这些方面的成就，可以把纯真且具有丰富内涵的字体设计作品塑造出来。

六、民族图形融入汉字字体设计的方法

（一）图文并置法

图文并置法是以图文并置的方式进行融合的一种方法。最古老的融合图与字的方式即为图文并行放置的方式，这种方式简单、直接，可获得显著的成效，并且也特别直观，易于接受，其内在原因依旧是基于图文同源之上。因为汉字源自象形文字，就广义的视觉效应角度而言，无论哪种形式的汉字字体都具备图形意义，换言之，它既是文字，同时也是图形，是具备独特含义以及形态的文字图形。在平面设计中，风格迥异的汉字形式产生的亦是图形性的视觉效应，可看作是已经规范化、规律化的图式造型，有着视觉形态的语义性。对于字面之内的装点，我国民间的能工巧匠是不会轻易放弃的，他们依托书法的笔形，换墨黑为丹青，把图形限定于笔形的范围内，采用丰富具体的视觉形象作为汉字的

---

① 何国兴.民间美术在小学美术教学中的应用探析[J].年轻人,2019(13):140.

笔画，把图义和字义互相结合和映衬，使之成为笔中适形的表现。

其实，可以将这种方式称之为"以图绘字"，也是独具特色的一种设计语言。就形式上而言，以字作为图形绘制时所用的点、线、面、装饰等，可把整篇文字看作无数的点，积点成线，画出特定的图形。现代设计则以单个汉字作为点的元素，平面大而新的汉字形或图形由点的密集形式构成。可以把最为呆板的文字形编排为气象万千的新的形，从而出现字意画境，通过美的形式活跃观者的视线。汉字融合民族图形的设计采用此方式更加图文并茂，画的强化和文字的表达相互映照，进一步加强了意，与此同时，文字的装饰性也体现了出来。汉字字形采用本视觉表现方式，并且灵活地进行处理，宜字宜图，字图都是信息传达服务，可以追求独特的个性表现，力求独树一帜或趣味感。

（二）笔画共用法

通过笔画共用的方式把一体化的图形建立起来。在传统民间字体设计中，互用笔画是非常精彩的一种手段，现如今，字体设计对此借鉴存留之后，又将其发扬光大，事实上，现代字体设计中，对此应用得非常广泛。

使用互用需要把自然而然的可共用角度找到，此角度通常建立在笔画的相同或相似性上，也就是通过相似、相关笔画之间的互相借用把文字之间的合成关系组成。组合多个文字要基于共用笔画之上，所以，若是要学习这个融合方式，对与之相关的形态转化的语言须多加重视。借用形似形态是最基本的方式，如果这个条件不成立，便可以创造此类形态，如为了适应另一个文字，而刻意将其中一个形态模棱两可，把非关键性识别作用的笔画形态的若隐若现达到。灵活地使用共用线连接对形态进行转移与过渡，可以是上下方向转移，可以是左右方向转移，还可以是上下左右均有笔画的共用，组合方式可灵活操作，应以最终组合出的形式上的美感去选择确定。

（三）特征一致法

即以字体与纹样特征一致化去取得融合，这是字体与图形寻求融合中最为基本的融合方式。通常来说，我们要将两个图形融合为一体，往往采用设计相似点的方式，主要通过将汉字笔画与汉字字形、字意进行归纳总结，得出适合于字义的统一变化的形态造型。由点、线、面组合起来的基本形，往往代表着设计者思想的不同含义和感情色彩。一个点、一条线、一块面不能说明什么，但是把它们根据一定的构成原则巧妙地进行排列组合，便会得到千姿百态的新的形象和好的构成效果。一位优秀的设计家在设计时往往是根据不同的场合、不同的气氛、不同的地域，以及设计者所受的教育和自身的修养而进行的。

在本融合方式中，基本形的确立是最为重要的。在字体设计的构成中，基本形态是最小的单位元素，在单位元素的群集化过程中，必然会发生"形态融合"的现象，它们能变化出无数的组合形式。为使构成变化不杂乱，基本形以简单的几何形态为好。基本形的组合原则可分为有规则的构成和自由构成。如果认真地去观察基本形体，按照构成的规则对基本形的组合有了全面的了解，你就会根据不同的要求，运用不同的形体，创作出形体结合形神兼备的好作品。这其实也可理解为非规律性的变动：当基本形相聚的时候，往往采用随意编排的特点（而渐变就是有规律的变动，基本形排列得非常严谨），近似的程度同样可大可小。不过，如果近似程度过大，就容易产生重复之感；反之，近似的程度太小就会破坏统一感，失去近似的意义。总之要让人感觉到，近似的形与形之间是一种同族类的关系。一旦近似基本形构成后，其所产生的统一性应该是完美的。

（四）解构与重组法

在实用的汉字设计中，为了适应特定的环境、产品特征与定位等的需要或追求特殊的表现趣味，表现个性特征明朗的风格，需要设计师做出区别于电脑字库字体的特殊设计。[①] 这类汉字字体融合图形的设计常常是在电脑印刷规范字体的结构构架上来做笔画的"文章"。设计基本是汉字印刷规范体的形与结构的再造，通常采用适度的扩张或收缩，有意的繁与简、增与省、断与连等，以达到匠心独具。借助汉字的电脑印刷规范字体的结构进行笔画的重新修改、规整、斜度、弧度、空白、切划、分割上的变形或赋予一定的特征，可使原汉字字形显现出特殊而新颖的新字形。

另外，特异组构也成为汉字视觉语言表现的手段。特异是在平面的构成语言中常见的一种形式，也同样成为汉字设计的手法之一。在创作融合图形过程中，可以有意地将原始图形加以破坏，把原有的字形解体，打破原来的结构关系重新组合。这是破坏中创造的构形手段，即分解重构。其原理是把熟悉的事物引向陌生并进行重新审视，其不完整的形态所带来的刺激会打破人的正常心理，从而发现以前没有感觉到的新的视觉形态和新的视觉冲击。

这种破坏的实质仍然是创造，它的价值在于在破坏中诞生新的生命。现代汉字设计以解构的方式将汉字笔画分解而重构，亦字亦画，在辨识中产生意趣。分解是将汉字笔画分解开来，以点、线、面的元素形式展现。重构是汉字不再着眼于单独的完美，每一笔画按照符合美的规律和空间的需要重新组合，或以一种前所未有的全新的线条组合形式，重塑汉字的形式，造成汉字的"陌生化"，以提高汉字形象的视觉冲击力。

---

① 林国胜.浅谈汉字字体设计的基本表现手法 [J].包装世界，2008（6）：88-89

（五）细节添加法

即以在辅助结构处添加细节装饰纹样的方式去取得融合。汉字字形外加装饰是通过修饰和增加纹样以显示汉字字体的精神面貌的一种表现方法。在汉字的笔画之外添加图形，或者将笔画处与线条接续，就如同树木上生出的枝梗、结出的果实或扎下的根须，好似"节外生枝"。由于添加图形并没有使汉字的原形改变，因而，倘若删除这些图形，仍然不会影响人们的阅读。加入的装饰图形突破了文字原形的意境空间，使观者在阅读笔画文字时与节外生枝之形所传达的信息沟通，为原来单薄的视觉思维添加了装饰的情景，渲染了氛围。

（六）强化内部对比法

即以强化内部形态对比的方式获取更自由的融合。这个方法的原理是：刻意加大文字的字体笔画的内部对比，从而很轻松地融合原本难以融合的图形纹样，使两者在融合时不再有突兀感。面对需要做对接融合的图形与字体时，我们经常会感觉两者差异太大，难以找到一个融合点将其组合起来。

这个融合方式的基本方法主要是通过笔画大小、笔画的形态、笔画色彩等的强烈对比使图形和字各自的特征更加鲜明。通常我们把质或量反差甚大的两个要素成功地配列于一起，使人感受到鲜明强烈的感触而仍具有统一感的现象称为对比。对比关系主要通过形状的大小、粗细、长短、方圆，方向的垂直、水平、倾斜，数量的多少，距离的远近疏密，图地的虚实、黑白、轻重，形象态势的动静等多方面的因素来达到。但在融合构成设计中运用此方法操作难度会比较大，一般来说，需要进行过大量的练习才能较好地掌握。

（七）笔画减省法

即运用笔画减省的方式去融合。笔画简省对融合设计的启示意义十分重要，这点我们可以从草书的存在原理上去讲述。草书的美感就在于运笔缓急以及组合自由等构建出的激情效果，这个效果无疑是具有深切感染力的。我们能深切地体察到其简练的特征，草书中的简化笔画是形成其独特艺术美感的前提条件。但是假设笔画的简省导致无法识别文字，则草书就不存在，反而转变成为绘画艺术而已。所以说，草书的存在进一步提示了以下意义：笔画的简省是可以作为一个设计空间与设计机会去进行利用的。我们可以看到在当代的字体设计中有很多是运用简省去做字体设计的。

笔画简省的存在根源上是阿恩海姆的"完型理论"。这个理论解释了我们对陌生的形有主动根据已有的图形印象去辨识对比的现象。笔画减省主要通过利用相关、相似、相近的笔画间的省略简化来组成文字间的关系，它与笔画借用有相似之处。其基本方式是由两个形象相加、相切、相交等组合方法去组合为一个形象，甚至直接取消这个形。草书中我们可以看到这个方式运用得非常充分，甚至可以说是很放肆。我们今天的字体融合设计，当然也要在认识到简省效应的同时，去主动利用它来达到设计出更自由的字体的目的，以满足构筑更多样化的融合新形式的需要。

（八）笔画突变法

从原理上讲，笔画突变是指在局部的某个或者某些笔画上采用不同于正常笔画的形态造型，突出文字的内涵和特征。突变是在和谐的基础上制造的用变化赋予其个性的效果。用此方式做设计要运用与理解好和谐与突变的辩证关系，不要让突变的幅度过大，以破坏作品的和谐性。单独的一种颜色、单独的一根线条无所谓和谐，几种要素具有基本的共通性和融合性才称为和谐。制造突变的时候还要控制住重心去保持稳定感。人的视觉安定与造型的形式美的关系比较复杂，但必须要把握好的是重心稳定，这是字体内部关系的重要构成部分，把握好了重心，字体内部各部分所受重力的合力的作用点就稳定了。要知道，任何字体的重心位置都和视觉的安定有紧密的关系，保持住字体的重心这个控制和谐的关键点，即可着力去实行更大胆的突变设计。

（九）添加第三形象法

　　即结合形与意去添加第三个形象进行辅助融合。所谓添加第三个形象进行辅助融合，是指当单纯汉字与被融合图形无法达到原始目的，不能很好地结合时，我们就可考虑添加第三者作为缓冲或者是过渡。这个手法主要是通过在汉字局部笔画上添加与汉字表意相关的图像或图形来增加汉字的表意功能。增加形象的难点在于这个形象极可能破坏原始字体与图形的平衡状态。其原理可这样去认识：融合其实是将两个形象通过相加、相切、相交等组合方法而成，即是一个形象与另一个形象相加在一起而形成的新形象。要强调的是，在字体构成设计中的平衡并非实际重量的均等关系，而是根据图像的形量、大小、轻重、色彩及材质的分布作用与视觉判断的平衡。在生活现象中，平衡是动态的特征，如人体的运动、鸟的飞翔、兽的奔驰、风吹草动、流水激浪等都是平衡的形式，因而平衡的构成具有动态。当三方获得力学上的平等状态时，即可达到平衡与和谐。这里在保持上文所说的不破坏平衡的基础上，可尝试用更高难度的添加方式，那就是将第三图形与原图形叠加在字体上。叠加从本意上说，是由一个形象覆盖在另外一个形象上产生的。叠加无疑可获得强烈的视觉形象，会将作品氛围渲染得更加浓郁。不过重叠也是一个很难做好的融合方式，因为它是两种图形的混合，所以可适度弱化原先图形的特征，以便施加于第三者。我们在做融合性设计时，对新增加的这个第三形象一定要把握好分寸，保持平衡地加入，最好能做到看不出"增加"感，增加后依然能平衡，毫无第三者插入的感觉。

（十）表面修饰法

即以表面修饰的方式来制造融合效果。融合效果未必全是在结构层级上的大融合，也可以是表面的肌理等效果的融合。字体的表面装饰是通过对文字笔画的局部或者整体装饰，来增强文字传达的效果和感染力。肌理通常指对物体表面纹理的感觉。在平面构成设计中，肌理对不同物质表面采用不同的表现手段可造成不同的效果，它带有心理联想的性质。为了强化表现内容，达到设计要求，就需要崭新的视觉效果，就需要用特殊技法创造新奇感觉而达到设计的目的。肌理的效果由设计师根据设计对象的效果需要去决定，可以做适当改变，或细腻、或粗犷，或写实、或变形，这些选择均各具魅力。

当我们在完成设计大的格局与结构后，仍然可以设置一种细微的表面修饰去作为融合图形。表面的效果未必就不是内在的，很多传统的纹样在自身造型完美的基础上，依然是借助运用表面肌理起到辅助作用的。就像中国绘画中水墨的运用，正是水墨的那种浓浓淡淡的罩染塑造出的表层效果辅助了意境的表达，没有这些水墨交融出的表层，仅仅靠构图章法是很难单独营造出那么高妙的水墨画艺术的。我们在字体融合民族图形的设计中也要重视表层，重视表层塑造会在深化细节的同时提升设计作品成熟度的功能。在设计实践中适当采用有传统气质的表面修饰肌理去营造细节，可做出形式上更加成熟深入的作品。

参考文献

[1] 杨瑞芳，鞠岩 . 语言·文字·文体研究 [M]. 济南：齐鲁书社，2018:87-112.

[2] 安徽大学汉字发展与应用研究中心 . 汉语言文字研究：第 2 辑 [M]. 上海：上海古籍出版社，2018：65-78.

[3] 刘钦荣，刘安军 . 汉语言文字理论与应用研究 [M]. 北京：中国社会出版社，2019：5-24.

[4] 董蕊 . 汉语言文字特点及汉语言文字审美化风格 [J]. 教育周报（教育论坛），2020（14）.

[5] 罗家炳 . 把握汉语言文字的魅力 [J]. 读天下，2020（11）：264.

[6] 赖汉镇 . 汉语言文字的艺术特点与创新研究 [J]. 读与写（教师），2020（1）：291.

[7] 黄利园 . 浅析汉语言文字中的"对称美" [J]. 散文百家，2020（10）：145-146.

[8] 王祥 . 汉语言文字的艺术特点与创新研究 [J]. 青年文学家，2020（23）：176-177.

[9] 秦帼英，张雪川 . 汉语言文字传播创新策略研究 [J]. 中国报业，2020（16）：112-113.

[10] 郭艳艳 . 汉语言文字的艺术特点与创新浅析 [J]. 试题与研究，2020（7）：161.

[11] 黄利园 . 浅析汉语言文字中的"对称美" [J]. 散文百家（理论），2020（4）：145-146.

[12] 全朝阳. 对汉语言文字规范化的思考 [J]. 国家通用语言文字教学与研究, 2019（10）: 6, 8.

[13] 范媛媛, 杨艳辉. 浅析汉语言文字的艺术特点与创新设计——评《汉语言文字研究》[J]. 新闻爱好者, 2019（6）: 99.

[14] 方锦怡. 汉语言文字规范化的反思探索 [J]. 语文课内外, 2018（36）: 345.

[15] 董婷瑜. 浅析汉语言文字的艺术特点与创新 [J]. 戏剧之家, 2018（24）: 239.

[16] 马青原. 汉语言文字对中国文学的影响 [J]. 青年时代, 2018（1）: 4-5.

[17] 蒋思楷. 汉语言文字的规范化问题及对策探讨 [J]. 鸭绿江, 2020（21）: 75.

[18] 洪淑惠. 中职学生规范使用汉语言文字的现状及对策 [J]. 科学与财富, 2020（11）.

[19] 张桂霞. 汉语言文字使用中的常见问题及对策 [J]. 青海教育, 2020（6）: 34-35.

[20] 裴文超. 汉语言文字审美特性及其在教学中的作用 [J]. 中华活页文选（教师版）, 2020（2）: 50-51.

[21] 刘文荣. 汉语言文字特点及汉语言文字审美化风格 [J]. 国家通用语言文字教学与研究, 2019（6）: 13.

[22] 彭金梅. 关于汉语言文字对中国文学欣赏的影响研究 [J]. 新教育时代电子杂志（教师版）, 2020（27）: 248, 251.

[23] 金兰蕙. 高中生规范使用汉语言文字问题研究与反思 [J]. 文学教育, 2019（6）: 141.

[24] 刘文荣. 关于汉语言文字规范化问题的研究 [J]. 国家通用语言文字教学与研究, 2019（3）: 102.

[25] 陈丽红. 审美教育在汉语言文字识字教学中的渗透 [J]. 师道（教研）, 2019（5）: 98.

[26] 马培成.基于汉语言文字特点的语文教学关注点分析[J].教育观察，2019（21）：92-93.

[27] 孙瑶，谢世珍.汉语言文字对中国文学的影响[J].经营管理者，2017（19）：358.

[28] 刘娟，姜珊.汉语言文字规范化问题研究[J].科教导刊，2017（3）162-163，170.

[29] 孙世晶.汉语言文字对中国文学欣赏的影响研究[J].北方文学，2019（21）：144，146.

[30] 蔡肇基.汉语言文字颂[J].精品，2017（7-8）：106-115.

[31] 玛乃草.汉语言文字的规范化问题研究[J].新课程（中），2017（7）：13.

[32] 鲁艳，祝燕燕.浅析汉语言文字对中国文学的影响[J].东西南北，2019（22）：141.

[33] 郭津汝.汉语言文字规范化问题的思考[J].青年文学家，2017（33）：159，161.

[34] 蔡雨杉.汉语言文字规范化问题探索[J].产业与科技论坛，2017,16（24）：144-145.

[35] 张小田.浅谈汉语言文字规范性的问题[J].今天，2020（16）：35.

[36] 周婵.汉语言文字学研究的回顾与反思[J].北方文学，2020（11）：111-112.

[37] 魏玉英.浅谈汉语言文字规范性的问题[J].课程教育研究（学法教法研究），2020（3）：262.

[38] 王祥.汉语言文字的艺术特点与创新研究[J].青年文学家(中)，2020（8）.

[39] 曹佃欣.汉语言文字学研究[J].文教资料，2018,（35）：44-46.

[40] 王晓明.浅论新时期汉语言文字的大发展[J].新教育时代（教

师版），2018（39）.

[41] 王娅.基于汉语言文字特点的汉字教学策略研究[J].长江丛刊，2018（10）：127–128.

[42] 秦琪儿.从高中生视角解读汉语言文字的审美特性及价值[J].神州，2018（32）：50.

[43] 王晓明.浅论新时期汉语言文字的大发展[J].新教育时代电子杂志（教师版），2018（39）：182.

[44] 袁茵.规范化在汉语言文字中的分析[J].明日，2018（20）：49.

[45] 周瑞敏.谈抓住汉语言文字的特点进行汉字教学[J].百科论坛电子杂志，2018（23）：756.

[46] 童湘屏.异域文化对汉语言文字安全的影响探析[J].新教育时代电子杂志（教师版），2018（39）：283.

[47] 郭楚滢.汉语言文字对中国文学的影响研究[J].散文百家，2018（1）：107.

[48] 杨韧通.汉语言文字对中国文学的影响初探[J].中外交流，2018（3）：94–95.

[49] 兰胡菁.鲁迅文学对汉语言文字的创造性运用[J].报刊荟萃（下），2018（5）：283.

[50] 袁涛.汉语言文字的艺术特性与创新设计[J].北方文学，2016（23）：167.

[51] 王春凤.汉语言文字的艺术特性与创新设计[J].汉字文化，2019（4）：45–46.

[52] 刘国琼.浅谈如何规范汉语言文字[J].儿童大世界（教学研究），2016（3）：81.

[53] 杨光，钟凯.浅谈"网络语言"与汉语言文字教育[J].国家通用语言文字教学与研究，2019（11）：15.

[54] 黄川卉.论汉语言文字中的文化精神[J].青年时代，2019（30）：

10–11.

[55] 张军 . 汉语言文字的审美特点分析及其在教学中的运用 [J]. 小
说月刊（综合），2020（3）：214.

[56] 陈清利 . 网络环境下汉语言文字规范化研究——评《汉语言文
字研究（第一辑）》[J]. 新闻爱好者，2019（3）：98-99.

[57] 郑秋丽 . 汉语言文字的"美感"在语文教学中的功用探析 [J].
新教育时代电子杂志（学生版），2017（45）：244.

[58] 于璟 . 分析汉语言文字对中国文学的影响 [J]. 鸭绿江（下半月
版），2017（2）：35.

[59] 吴超 . 网络环境下汉语言文字规范化研究 [J]. 当代教育实践与
教学研究，2017（7）：234.

[60] 沈红宇 . 高校汉语言文字研究性教学探析 [J]. 武陵学刊，
2017,42（2）：128-133.

[61] 穆春香 . 探讨汉语言文字的特点及其对中国文学的影响 [J]. 文
理导航（下旬），2017（8）.

[62] 侯月芳 . 互联网时代汉语言文字的阅读特点与规范化探究 [J].
宁夏大学学报（人文社会科学版），2017.

[63] 张文科 . 分析鲁迅文学对汉语言文字的创造性运用 [J]. 小作家
选刊，2017（16）.

[64] 刘颖 .《淮南子》汉语言文字研究综述 [J]. 丝路艺术，2018（6）.

[65] 邱凌，陈斌 . 一部实用性强的汉语言文字指导用书 [J]. 语文建
设（上半月），2020（6）.

[66] 鲁艳 . 论汉语言文字与高职语文教育的关联性 [J]. 侨园，2020
（3）：66.

[67] 马敏垮 . 汉语言文字使用中常见问题及改进建议 [J]. 速读（中
旬），2020（8）.

[68] 邱凌，陈斌 . 一部实用性强的汉语言文字指导用书——评《汉
语言文字应用基础知识》[J]. 语文建设，2020（11）：88.

[69] 玛依拉·阿勒斯坦.初中语文教学中学生汉语言文字运用能力的策略探究 [J].儿童大世界（下半月），2019（12）：67.

[70] 李淑娟.汉语言文字的美学特点在大学语文教学中的功能研究[J].幸福生活指南，2019（5）：2.

[71] 刘国琼.浅谈如何规范汉语言文字[J].儿童大世界（下半月），2015（3）.

[72] 玛依拉·阿勒斯坦.初中语文教学中学生汉语言文字运用能力的策略探究[J].儿童大世界（上半月），2019（12）：67.

[73] 玛依拉·阿勒斯坦.初中语文教学中学生汉语言文字运用能力的策略探究[J].儿童大世界（教学研究），2019（12）：67.

[74] 刘艳.浅议汉语言文字规范化问题[J].中文信息，2015（7）.

[75] 郑文君.维护汉语言文字的纯洁研究[J].青年文学家，2015（12）：136.

[76] 于莹华.汉语言文字的规范化问题与对策探讨[J].青年生活，2019（33）.

[77] 杨洁.汉语言文字交互设计艺术属性研究[J].美与时代（上），2016（4）：93-95.

[78] 赵莹娟.中职学生规范使用汉语言文字的现状及对策[J].科研，2016（4）：92.

[79] 洪波，路伟.玄奘经译与朝鲜半岛汉语言文字文化传播 [J].四川省社会主义学院学报，2019（1）：60-64.

[80] 郭津汝.汉语言文字规范化问题的思考[J].青年文学家（下），2017（11）.

[81] 全朝阳.解构主义视角下的汉语言文字学研究 [J].国家通用语言文字教学与研究，2019（2）：108-109.

[82] 杨洁，杨志麟，王可，等.汉语言文字的交互方式与技术实践研究[J].艺术科技，2016，29（9）：5-6.

[83] 徐田.浅谈汉语言文字对中国文学的影响 [J].青年文学家，

2016（9）：30-31.

[84] 孙瑶,谢世珍.汉语言文字对中国文学的影响[J].经营管理者(上旬刊)，2017（7）.

[85] 吴贻.浅析汉语言文字的规范化[J].教育科学（引文版），2017（11）：54.

[86] 黄雄彪，邓国峰，黄凯.信息时代汉语言文字传播模式创新与文化软实力提升研究[J].新闻研究导刊，2018（14）：5-6.

[87] 卢长合.浅谈汉语言文字[J].吉林画报（教育百家B），2014（6）.

[88] 秦广明.汉语言文字规范化要点探究[J].青年文学家,2014(27)：132.

[89] 孙媛媛.浅议汉语言文字规范化问题[J].牡丹江教育学院学报，2014（5）：24，53.

[90] 李福鹏.汉语言文字对中国文学的影响探讨[J].世界家苑（学术），2018（3）.

[91] 梅宇恒，唐坚，王栋.刍议汉语言文字与大学生人文素质教育[J].中文信息，2018（5）：143.

[92] 李福鹏.汉语言文字对中国文学的影响探讨[J].世界家苑（学术版），2018（6）.

[93] 胡丽缎.聚焦汉语言文字特点,提高学生遣词能力[J].语文课内外，2018（19）：248.

[94] 王娅.基于汉语言文字特点的汉字教学策略研究[J].长江丛刊（下旬刊）.2018（10）.

[95] 余芳.把握汉语言文字的特点重视学生整体感悟能力[J].语文课内外，2018（20）：127.

[96] 应静霞.探讨大学生汉语言文字能力现状调查研究[J].赢未来，2018（5）.

[97] 丁蕾.关于汉语言文字标准化工作的回顾及思考[J].现代职业教育，2018（34）：293-295.

[98] 丁蕾.关于汉语言文字标准化工作的回顾及思考 [J]. 现代职业教育（高职高专），2018（12）.

[99] 秦琪儿.从高中生视角解读汉语言文字的审美特性及价值 [J].神州（中旬刊），2018（11）.

[100] 方圆.浅析汉语言文字和中国文学的关系 [J]. 小作家选刊，2016（21）.

[101] 常晓鹏.汉语言文字中的性别歧视现象 [J]. 课程教育研究（新教师教学），2016（16）.

[102] 陈嘉兴.汉语言文字对中国文学的影响 [J]. 博览群书（教育），2016（9）.

[103] 方圆浅析汉语言文字和中国文学的关系 [J]. 小作家选刊（教师版），2016（21）.

[104] 胡湛.汉语言文字的特点及其对中国文学的影响探讨 [J]. 长江丛刊，2015,（25）：57.

[105] 李冰霖.针对汉语言文字特点精准探析语文教学关注点 [J]. 小学语文教与学，2017,（4）.

[106] 李井红，戴春芳.阅读教学当遵从汉语言文字的特点 [J].牡丹，2015（20）：125-126.

[107] 杨洁.汉语言文字的艺术特性与创新设计研究 [J].南京艺术学院学报（美术与设计版），2015（2）：160-164，190.

[108] 刘欣.汉语言文字对中国文学的影响研究 [J].科学中国人，2015（33）：153.

[109] 李技.汉语言文字对中国文学欣赏的影响研究 [J].参花（下），2015（10）：148.

[110] 杨洁.汉语言文字的艺术特性与创新设计研究 [J].设计，2015（5）：73-74.

[111] 杨洁.汉语言文字的艺术特性与创新设计研究 [J].南京艺术学院学报（美术与设计版）（南京），2015（2）：160-164.

[112] 贾泉林. 鲁迅文学对汉语言文字的创造性运用 [J]. 上海鲁迅研究，2015（3）：13-22.

[113] 张军. 汉语言文字的审美特点分析及其在教学中的运用 [J]. 小说月刊，2020（3）.

[114] 关彦庆，秦茂舒. 孔子学院汉语言文字工作的多元价值——以俄罗斯布里亚特国立大学孔子学院汉语言文字教学工作为例 [J]. 通化师范学院学报，2019，40（1）：31-37.

[115] 黎鸣. 汉语言文字的儒家通病 [J]. 博览群书，2011（7）：39-41.

[116] 朱瑞波. 刍议汉语言文字对中国文学的影响 [J]. 环球市场信息导报，2017（21）：113.

[117] 洪波. 鸠摩罗什译经与汉语言文字传播 [J]. 红河学院学报，2017,15（1）：63-66.

[118] 尕玛永德望江. 论汉语言文字对中国文学的影响 [J]. 西江文艺，2017（1）.

[119] 赖玉峰. 汉语言文字资源平台可访问性分析 [J]. 教育科学（全文版），2017（10）：4.

[120] 张文科. 分析鲁迅文学对汉语言文字的创造性运用 [J]. 小作家选刊（教师版），2017（16）.

[121] 江乃武. 汉语言文字规范化小识 [J]. 河北科技图苑，2001（4）：1.

[122] 汉语言文字研究 [J]. 浙江大学学报（人文社会科学版），2006（3）：37-37.

[123] 史春妍. 关注汉语言文字的特点提升低年级阅读教学效益 [J]. 小学语文教学（人物版），2016（5）.

[124] 陆俭明. 汉语言文字应用面面观 [J]. 语言文字应用，2000（2）：4-8.

[125] 尼珍. 高校藏族大学生汉语言文字应用能力调查与研究 [J]. 教学管理与教育研究，2016,1（8）：36，38.

[126] 刘赜．重订汉语言文字略例 [J].江汉论坛，1962（9）：49.

[127] 向荣．利玛窦与汉语言文字 [J].学习月刊（武汉），2005（10 下）：14–15.

[128] 廖广莉，邓红华．地方高校项目驱动教学法探析——以汉语言文字学课程为例 [J].教书育人（高教论坛），2016（3）：76–77.

[129] 郭心娟．参加 2015 年汉语言文字学高级研讨班听课综述 [J].金田，2016（1）.

[130] 李冰霖．针对汉语言文字特点精准探析语文教学关注点 [J].新教师，2016（10）：29–31.